保育者になるための
初年次教育・キャリア教育

浅井拓久也 編著

萌文書林
Houbunshorin

はじめに

　本書は、保育者養成校での学びが保育者としてのキャリア形成にどのようにつながっていくのかをまとめた本です。

　本書には類書にない３つの特長があります。

　まず、養成校での学びが保育者としてのキャリア形成とどのようにつながるのかがわかるようにしてあります。これまでは、養成校での学びについてまとめた書籍と、保育者としてのキャリア形成についてまとめた書籍が別々になっていることが多く、養成校での学びが保育者としてのキャリア形成にどのようにつながっているのかがわかりにくくなっていました。そこで、本書では、保育者として必要な基本的な力や専門的な力を示し、こうした力が保育者として働くようになってからどのように関係していくのかがわかるようにしてあります。

　次に、本書のさまざまな箇所で学んだことをふりかえり（確認、復習）できるようにしてあります。これまでの書籍では各章末にいくつかのふりかえりがあるだけということが多かったようです。そこで、本書では、学んだことをしっかり確認、定着できるように、各項末に「ふりかえり問題」を用意し、さらに各節にも「ふりかえり」を用意してあります。

　最後に、本書ではイラスト、事例、図表、写真を用いて、具体的なイメージを思い浮かべながら学べるようにしてあります。これまでの書籍は抽象的で難しい文が続くことが多く、大変読みにくいことが多かったのですが、本書は平易な言葉で、具体的なイメージを思い浮かべることができるような説明となっています。

　本書は養成校で学ぶ方を対象にしていますが、保育士資格試験を受験する方にとっても役立つようになっています。試験勉強では読む、書く、聞く、話すという基本的な力が必要でしょうし、保育所等の現状と今後を理解する必要もあります。これらすべてを本書から学ぶことができます。

　本書を読んだ方が、保育や保育者に魅力を感じて、保育者になり活躍することを願っています。

2021年３月　　　　　　　　　　　　　　　　　執筆者を代表して

浅井　拓久也

も く じ

第1章
保育者に必要な基本的な力とは何でしょうか？

第2章
保育者に必要な専門的な力とは何でしょうか？

第3章
保育者として成長するとはどのようなことでしょうか?

【執筆担当：執筆順】

浅井拓久也	序章, 第2章第1節, 第2節1〜3項, 5項, コラム
森下　嘉昭	第1章第1節, 第4節
舩場　大資	第1章第2節
山根　望	第1章第3節, 第2章第2節4項, 第3節4項
前田　和代	第2章第3節1〜3項, 第3節5〜6項
北澤　明子	第3章

序章

保育者とは
なぜ保育者が求められるのでしょうか？

1 保育者の仕事

　本節では、保育所、幼稚園、認定こども園の一日やそれぞれの共通点と相違点、保育者になるための道のり、保育や教育の意味について学びます。こうした基本的な事項を学ぶことで、保育者の仕事を理解していきましょう。

 (1)　保育所、幼稚園、認定こども園の一日

　ここでは、保育所、幼稚園、認定こども園の一日について、デイリープログラムを見ながら理解していきましょう。

> ## デイリープログラム

　次の図表1を見てください。これは、認定こども園のデイリープログラム（一日の保育・教育の予定）を表したものです。認定こども園は、保育所の機能と幼稚園の機能を併せもったものですから、保育所の一日の流れは「0歳児（3号認定）」、「1・2歳児（3号認定）」、「3・4・5歳児（2号認定）」、幼稚園の一日の流れは「3・4・5歳児（1号認定）」を見るとわかります（認定区分についてはp.11、12参照）。

　保育所、幼稚園、認定こども園で過ごす時間は認定区分によって異なります。1号認定の3・4・5歳児は、9時から14時まで園内で過ごします。食事の時間を除いて4時間となっています。これは、幼稚園では、幼稚園の一日の教育課程に係る教育時間は4時間を標準とすると規定されているからです。教育課程とは、幼稚園で行う教育をまとめたものです。一方で、2号認定の3・4・5歳児、3号認定の0・1・2歳児は1号認定の子どもと比べると、園内で過ごす時間が長くなります。これは、保育短時間は8時間、保育標準時間は11時間となっているからです（保育時間についてはp.10参照）。

図表1 認定こども園のデイリープログラム（例）

	0歳児 （3号認定）	1・2歳児 （3号認定）	3・4・5歳児 （1号認定）	3・4・5歳児 （2号認定）
7:30	登園 自由遊び	登園 自由遊び		登園 自由遊び
8:30			登園 自由遊び	
9:00	おやつ クラス別保育 睡眠	おやつ クラス別保育		
10:00			クラス別保育	クラス別保育
11:00				
12:00	食事	食事	食事	食事
13:00	睡眠	睡眠	降園準備	睡眠
14:00			（順次降園）	
15:00	おやつ 自由遊び 降園準備	おやつ 自由遊び 降園準備		おやつ 自由遊び 降園準備
16:00				
17:00				
18:00				
18:30				
	（順次降園）	（順次降園）		（順次降園）

出所：筆者作成

　また、デイリープログラムで決められた時間外に保育や教育を受けることもあります。たとえば、1号認定の3・4・5歳児が7：30より前、あるいは14:00以降も教育を受ける場合です。これを預かり保育といいます。また、3号認定の0・1・2歳児や2号認定の3・4・5児が18：30以降も保育を受ける場合です。これを延長保育（時間外保育）といいます。預かり保育や延長保育の利用は保護者の就労状況によって異なり、すべての在園児が利用するわけではありません。

　デイリープログラムは保育所、幼稚園、認定こども園によってさまざまです。就職を希望する園や保育・教育実習を行う園のデイリープログラムを確認するとよいでしょう。

●ふりかえり問題

① 　自分が住んでいる地域にある保育所、幼稚園、認定こども園をそれぞれ一園ずつ選び、デイリープログラム、預かり保育や延長保育について調べて比較してみましょう。

② 　幼稚園の一日の教育課程に係る教育時間は4時間が標準となっています。なぜ4時間なのでしょうか。現代社会のさまざまな事情を考えると、4時間は適切でしょうか。自分の考えをまとめてみましょう。

（2） 保育所、幼稚園、認定こども園の保育者

　保育所、幼稚園、認定こども園の共通点や相違点は何でしょうか。また、それらを利用するのはどのような子どもでしょうか。

保育所、幼稚園、認定こども園の比較

　次の図表2は、保育所、幼稚園、認定こども園を比較したものです。

　認定こども園について、4つの補足説明をします。

　まず、認定こども園には、幼保連携型、幼稚園型、保育所型、地方裁量型があります。幼保連携型は幼稚園と認可保育所が一体的に運営を行うものです。幼稚園型は幼稚園が保育を必要とする子どもを受け入れる、保育所型は認可保育所が保育を必要としない子どもを受け入れるものです。地方裁量型は認可外保育所のような、認可保育所や幼稚園以外の施設の認定こども園です。

　次に、認定こども園の管轄は、内閣府、文部科学省、厚生労働省となっていま

図表2　保育所、幼稚園、認定こども園の比較

	保育所	幼稚園	認定こども園
管轄	厚生労働省	文部科学省	内閣府・文部科学省・厚生労働省
根拠法令	児童福祉法	学校教育法	就学前の子どもに関する教育、保育等の総合的な提供の推進に関する法律
保育・教育内容	保育所保育指針	幼稚園教育要領	幼保連携型認定こども園教育・保育要領
資格等	保育士	幼稚園教諭免許状（専修、一種、二種）	保育教諭（保育士と幼稚園教諭免許状）
職員配置基準	保育士1名あたり0歳児3名、1・2歳児6名、3歳児20名、4歳児以上30名	1学級の幼児数は原則35名以下で、1学級に教諭1名	保育教諭1名あたり0歳児3名、1・2歳児6名、3歳児20名、4歳児以上30名
1日の保育・教育時間	8時間（保育短時間）11時間（保育標準時間）	4時間	原則4時間（1号認定）、原則8時間（2・3号認定）
年間の保育・教育日数	規定なし（実際は約300日）	1年間に39週以上	入所児童による

出所：筆者作成

す。認定こども園が保育所の機能と幼稚園の機能をもっていることから、文部科学省や厚生労働省も管轄することになっています。

　また、認定こども園では、園児の在園時間、入園時期、登園日数がさまざまです。そのため、園児一人ひとりの状況に応じて保育・教育の内容や方法を工夫することが必要とされます。

　最後に、認定こども園の職員配置基準には保育教諭とあります。保育教諭は、保育士資格と幼稚園教諭免許状の両方が必要です。ですが、令和7年3月31日までは（経過措置期間中）、保育士資格か幼稚園教諭免許状のどちらか一方だけで保育教諭になることができます。経過措置期間経過後は保育士資格と幼稚園教諭免許状の両方がないと、保育教諭として勤務することができなくなります。

保育所、幼稚園、認定こども園の利用方法

　保育所、幼稚園、認定こども園の利用は、認定区分によって決まります。認定区分は、1号認定、2号認定、3号認定があります。

　図表3から、認定区分には保育を必要とする事由（保育の必要性）が関係していることがわかります。保育を必要とする事由とは、子どもが保育を必要とする事情があるかどうかを判断するということです。事情には、保護者の就労、妊娠や出産、保護者の疾病や障害、虐待やドメスティック・バイオレンス（DV）の可能性があるなどがあります。これらの事情に該当すれば、保育の必要性があるとなります。現在は待機児童が多いことから、保育の必要性が点数化されており、保育を必要とする事情が多くあるほど高得点となり、優先的に保育所などに入所できるようになっています。

図表3　認定区分と保育の必要性の関係

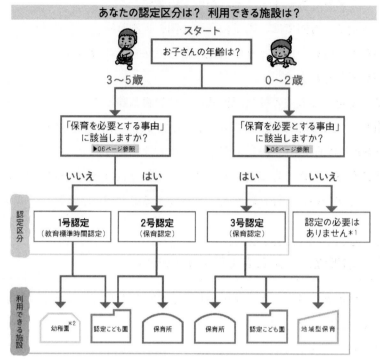

出所：内閣府「子ども・子育て支援新制度なるほどBOOK（平成28年4月改訂版）」

●ふりかえり問題

①　幼稚園教諭免許状は、専修免許状は大学院修了相当、一種免許状は大学卒業相当、二種免許状は短期大学卒業相当です。それぞれの免許状を取得するために必要となる科目を調べてまとめてみましょう。

②　保育の必要性は地域によってさまざまです。みなさんが住んでいる地域では、保育を必要とする事由として何があり、それぞれどのような点数になっているでしょうか。市区町村のホームページを調べてまとめてみましょう。

（3） 保育者になるための道のり

　保育者になるためには、保育士資格や幼稚園教諭免許状を取得する必要があります。では、これらを取得する道のりはどのようなものでしょうか。ここでは、その概要を説明します（詳細は第2章）。

保育士資格を取得する

　保育士資格を取得する方法は二つあります。一つは、都道府県知事の指定する保育士を養成する学校その他の施設（指定保育士養成施設）で所定の科目を履修し卒業することです。もう一つは、保育士試験に合格することです。どちらかによって保育士資格を取得し、都道府県知事に対して保育士登録申請をし、保育士証の交付を受けます。保育士証を取得するためには、大学や短期大学を卒業したり保育士試験に合格したりするだけでは十分ではなく、保育士証を取得するための申請・交付が必要です。

①指定保育士養成施設

　指定保育士養成施設で学ぶ科目は、4つの系列があります。まず、「保育原理」「教育原理」「社会福祉」などの「保育の本質・目的に関する科目」です。次に、「保育の心理学」「子どもの理解と援助」「子どもの保健」などの「保育の対象の理解に関する科目」です。また、「保育の計画と評価」「保育内容総論」「乳児保育（Ⅰ・Ⅱ）」などの「保育の内容・方法に関する科目」があります。最後に、「保育実習Ⅰ」などの「保育実習」です。指定保育士養成施設と保育士試験のもっとも大きな違いは、「保育実習」の有無です。

　指定保育士養成施設入学前に幼稚園教諭免許状を取得しており、3年以上かつ4,320時間以上の実務経験がある場合は、最大8単位の特例教科目を修得することで保育士試験の一部または全部が免除になります（保育士資格取得特例制度）。

②保育士試験

　保育士試験は、筆記試験と実技試験があります。筆記試験は、「保育原理」「教育原理および社会的養護」「子ども家庭福祉」「社会福祉」「保育の心理学」「子どもの保健」「子どもの食と栄養」「保育実習理論」があります。

　実技試験は、「音楽に関する技術」「造形に関する技術」「言語に関する技術」か

ら二つを選択して受験します。

　保育士試験では、幼稚園免許状を取得している場合、免除申請することで「保育の心理学」や「教育原理」、「実技試験」が免除になります。また、全国で一律に実施される保育士試験ではなく、各自治体が独自に実施する地域限定保育士試験もあります。どちらの試験に合格しても、保育士登録申請をすれば保育士証が交付されます。

幼稚園教諭免許状を取得する

　幼稚園教諭免許状を取得する方法は、幼稚園教諭の教職課程がある大学や短期大学に入学し、法令で定められた単位を修得して卒業し、各都道府県の教育委員会に幼稚園教諭免許状の授与申請を行う必要があります。幼稚園教諭免許状を取得するために必要な単位や学位を得ることができるのは大学や短期大学ですが、授与するのは各都道府県の教育委員会です。

　幼稚園教諭の教職課程は、「領域および保育内容の指導法に関する科目」「教育の基礎的理解に関する科目」「道徳、総合的な学習の時間などの指導法および生徒指導、教育相談などに関する科目」「教育実践に関する科目」「大学が独自に設定する科目」の５つがあります。

　指定保育士養成施設入学前に保育士資格を取得しており、３年以上かつ4,320時間以上の実務経験がある場合は、最大８単位の科目を修得することで幼稚園教諭免許状が授与されます（幼稚園教諭の普通免許状に係る所要資格の期限付き特例）。

●ふりかえり問題

①　みなさんが所属する大学や短期大学のシラバスから、保育士資格と幼稚園教諭免許状の取得に必要な科目を調べてみましょう。その際、必修科目か選択科目か、履修年次や履修条件も確認しましょう。

②　各自治体で実施されている地域限定保育士試験について調べてみましょう。筆記試験と実技試験の内容や受験方法について、全国で一律に実施される保育士試験と比較してみましょう。

（4）　保育の意味

保育とは、どのような意味でしょうか。保育は、どのように行えばよいのでしょうか。

養護と教育の一体的な展開

次の写真1を見てください。保育所での子どもの食事の様子です。

このような子どもの姿を見ると、かわいい！　素敵！　と思うでしょう。もちろん、保育者にとってこうした感情は大切です。ですが、感情だけでは、保育者にはなれません。子どもの発達や心理、遊びに夢中になれるような環境の作り方、保護者の子育て支援のように、子どもや保護者を支援するさまざまな知識や技術を身につける必要があります。

保育者が身につけるべき知識や技術はたくさんありますが、とくに大事なことは二つあります。まず、養護と教育を同時に行うことをつねに意識することです。なぜなら、保育とは、養護と教育を一体的に展開するという意味だからです。これは、保育所保育だけではなく、幼稚園教育や認定こども園の保育や教育にも当てはまります。

写真1　この場面の養護とは？　教育とは？

養護とは、子どもが、安全な環境で、安心して遊びや生活ができるようにすることです。「保育所保育指針」には、養護とは、「子どもの生命の保持および情緒の安定を図るために保育士などが行う援助や関わり」と書かれています。また、教育とは、言葉の力や社会性などの子どものさまざまな力を伸ばすことです。「保育所保育指針」には「子どもが健やかに成長し、その活動がより豊かに展開されるための発達の援助」と書かれています。

　このように、保育とは、養護と教育を同時に行うということです。写真1でも、かわいい！　素敵！　というだけでは保育ではありません。子どもが安全な環境で、安心して食事をとれる空間や雰囲気を作り（養護的な側面）、食事や食材に関心をもてるようにしていくこと（教育的な側面）が保育なのです。

保育は環境を通して行う

　もう一つは、保育は環境を通して行うことです。保育の方法はさまざまにあります。ですが、どのような方法であれ、保育を行う際に大事なことは、環境を通して行うということです。環境を通して行うとは、保育者が子どもに対して「こうしなさい、こっちがいいよ」のような指導的、指示的に行うのではなく、子どもが興味や関心をもてるような材料を置いたり、保育者が立ち振る舞いの模範となったりするということです。これを環境構成ともいいます。環境構成というとむずかしく聞こえますが、ようするに、保育者や子ども（人的環境）、保育室や遊具（物的環境）を上手に組み合わせて、子どもが自発的に活動できるようにするということです。

　保育者の環境構成は、子どもに大きな影響を与えます。たとえば、保育者が砂場にスプーンやコップを用意すれば、子どもはままごと遊びを始めるでしょう。バケツやスコップを用意すれば、トンネル作りや穴掘りが始まるでしょう。ホースや水鉄砲を用意すれば、泥んこ遊びが始まるでしょう。このように、保育者がどのような環境構成をするかによって、子どもの遊びは変わってきます。

　では、どのように環境構成をすればよいのでしょうか。環境構成は、子どもがいま何に興味や関心をもっているか、子どもがどのような発達段階にあるか、子ども同士はどのような関係性にあるか、これからどのような力を育んでほしいと保育者は考えるか、を総合的に考えて行います。

　保育者は子守ではなく、保育の専門家です。専門家としてさまざまな知識や技術を学ぶ必要がありますが、とくに大事なことは、養護と教育の一体的な展開をつねに意識することと、保育は環境を通して行うことなのです。

●ふりかえり問題

① プールに入ることを嫌がっている子どもに対して、みなさんが保育者ならどのような対応をしますか。保育の意味をふまえて考えてみてください。

② インターネットで保育室や教室の様子を調べて、どのような環境構成がなされているかを調べてみてください。その際、なぜそうした環境になっているのかを考えてみてください。

MEMO

2 いま保育者が 求められる背景

　本節では、保育者が求められる背景について学びます。そのために、保育や子育てを取り巻く環境はどのようなものか、保育所や幼稚園以外にはどのような保育・教育施設があるか、保育者の果たす役割とは、などについて、各省庁が公表している統計資料やさまざまな事例を用いて説明します。

(1) 保育や子育てを取り巻く環境

　ここでは、統計資料を見ながら、少子化、核家族化、共働き世帯の増加の実態を把握し、待機児童の問題について考えていきます。

少子化、核家族化、共働き世帯の増加

　図表4を見てください。令和元年の合計特殊出生率は1.36となっています。合計特殊出生率とは、一人の女性が生涯に出産する子どもの平均的な人数のことです。人口を維持するための合計特殊出生率は2.07とされていることから、きわめて深刻な少子化が進んでいることがわかります。少子化が進むと、地域や近所に同年齢や年齢の近い子どもがいなくなり、集団や異年齢交流の中で子どもがさまざまな経験をし、社会性や協調性を身につける機会が減少します。

　また、核家族化も進んでいます。核家族とは、「夫婦のみの世帯」（24.4％）、「夫婦と未婚の子のみの世帯」（28.4％）、「一人親と未婚の子のみの世帯」（7.0％）を意味しています（厚生労働省「令和元年（2019年）国民生活基礎調査の概況」）。これら3つの世帯は年々増えており、核家族化が進んでいます。核家族化によって、子育ての経験を受け継げなくなったり子育ての手助けを得にくくなったりします。

　さらに、図表5のように共働き世帯も増加しています。共働き世帯の増加は、

図表4　少子化は遊び仲間の減少につながる（出生数及び合計特殊出生率の年次推移）

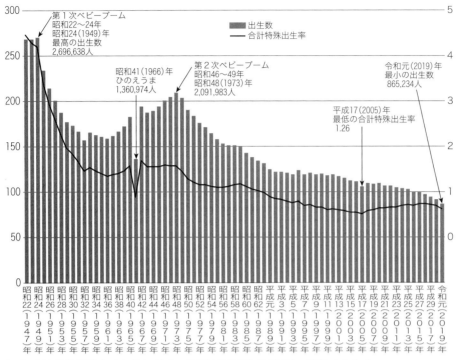

出所：厚生労働省「令和元年（2019）人口動態統計月報年計(概数)の概況」より作成

図表5　共働きは育児の孤立化を招きやすい（共働き等世帯数の推移）

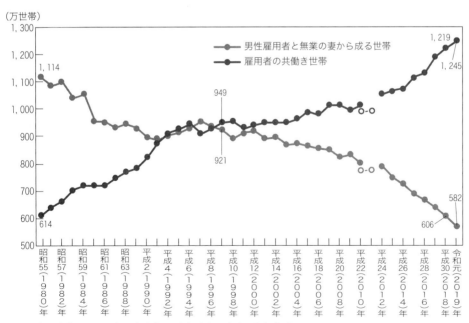

出所：内閣府「男女共同参画白書（概要版）令和２年版」より作成

育児の孤立化、単独化（いわゆるワンオペ）を招きやすくなります。

　このように、少子化、核家族化、共働き世帯の増加が子どもや子育て家庭に大きな影響を与えています。そのため、子どもや子育て家庭に対して保育者のさまざまな支援が必要になってきます。これからの保育者は、こうした事情をふまえた保育や子育て支援を行うことが求められるのです。

待機児童問題

　子どもの数が減っているにもかかわらず、なぜ待機児童が発生するのでしょうか。実は、保育所や認定こども園の定員数は年々増えています（厚生労働省「保育所など関連状況取りまとめ（平成31年4月1日）」）。それでも待機児童が発生するのは、人の偏りと保育士不足が原因です。

　人の偏りとは、都会に人口が集中してしまうということです。待機児童は、日本全国に均等にいるというより、都会に集中しています。厚生労働省によると、首都圏の一部（東京都、埼玉県、千葉県、神奈川県）と近畿圏の一部（大阪府、京都府、兵庫県）で全国の待機児童（16,772人）の63.3%（10,625人）を占めています（厚生労働省「保育所など関連状況取りまとめ（平成31年4月1日）」）。これらの都府県には、大手企業の本社、有名大学、魅力的な娯楽施設が多く、人が集中しやすくなっています。また、こうした都府県の中でも、主要駅や居住環境の良いエリアに人は偏ります。たとえば、共働き世帯は通勤に便利な主要駅を選ぶことから、主要駅がある市や区は待機児童が多くなります。

　保育士不足とは、保育士が足りないということです。保育士不足には、待機児童の年齢区分と保育士の配置基準が関係しています。待機児童の年齢区分を概観すると、すべての年齢の子どもが待機児童になりやすいというわけではないことがわかります。

　厚生労働省によると、待機児童は0歳児が12.2%（2,047人）、1・2歳児が75.7%（12,702人）となっています。つまり、低年齢児（0から2歳児）が87.9%（14,749人）であり、待機児童の中心になっています（厚生労働省「保育所など関連状況取りまとめ（平成31年4月1日）」）。

　また、保育士の配置基準によると、低年齢児に対する保育は保育士をより多く必要とします。保育士の配置基準は、保育士1名あたり0歳児3名、1・2歳児6名、3歳児20名、4歳児以上30名となっていますから、待機児童の中心が低年齢児であるほど保育士が必要となり、保育士不足になりやすいのです。近年は、保育士資格を取得できる指定保育士養成施設を卒業しても保育士にはならない学

生も多いことから、保育士不足がいっそう顕著になってきています（厚生労働省「第1回保育士養成課程等　検討会参考資料1-5指定保育士養成施設種別ごとの保育士となる資格取得者の就職状況」）。

　このように、統計資料を活用すると、実態や問題を正確に把握することができます。待機児童問題を解決するためには、保育士不足を解決するための保育政策や子育て支援政策だけではなく、人口の偏りを是正する社会政策も必要になってくるのです。

●ふりかえり問題

① 　いま、どのような少子化対策がなされているでしょうか。厚生労働省や内閣のホームページを調べてみましょう。また、みなさんはどのような少子化対策が効果的だと思うでしょうか。自分の考えをまとめてみましょう。

② 　厚生労働省「保育所など関連状況取りまとめ（平成31年4月1日）」をダウンロードして、待機児童が減少した自治体がどのような対策を実施しているかを調べてみましょう。また、みなさんが住んでいる地域には何人の待機児童がいるか、どのような対策がなされているか調べてみましょう。

MEMO

（2）　さまざまな保育・教育施設

　保育・教育施設というと、保育所、幼稚園、認定こども園を思い浮かべる人が多いでしょう。ここでは、現代社会において、子どもや子育て家庭を取り巻く環境を背景に用意されたさまざまな保育・教育施設について説明します。

地域型保育

　地域型保育とは、保育所より少人数の単位で、0歳児から2歳児の子どもを保育する事業です。具体的には、「小規模保育」「家庭的保育（保育ママ）」「居宅訪問型保育」「事業所内保育」の4つがあります。地域型保育は児童福祉法にも位置づけられています。

　小規模保育は、保育所の定員が原則20名以上であるのに対して、定員6名から19名の少人数を対象にきめ細かな保育を行うものです。小規模保育は、保育者の居宅やマンションの一室で行われます（写真2）。

　家庭的保育は、定員5人以下の少人数を対象に家庭的な雰囲気のもとで保育を行うものです。家庭的保育も保育者の居宅やマンションの一室で行われます。

　居宅訪問型保育は、障害・疾患で個別のケアが必要な場合や保育施設がなくなった地域で保育を維持する必要がある場合に保育を行うものです。居宅訪問型保育は、保護者の自宅で1対1で行われます。

　事業所内保育は、会社内にある保育施設で、従業員の子どもや地域の子どもを対象に保育を行うものです。

写真2
新田あすか保育園
（株式会社明日香）

地域子ども・子育て支援事業

　地域子ども・子育て支援事業とは、市町村が地域の実情に応じて実施する事業です。同事業にはさまざまありますが、ここでは「地域子育て支援拠点事業」「利用者支援事業」「放課後児童クラブ」を説明しましょう。

　地域子育て支援拠点事業は、乳幼児や保護者が交流を行う場所として子育て広場を開設し、子育てに関する相談や情報提供を行う事業です（写真3）。子育て広場は、保育所や幼稚園、公共施設、児童館、マンションの一室などで開設されます。

　利用者支援事業は、利用者支援専門員が子育て家庭や妊産婦の困りごとに合わせて、保育・教育施設や地域の子育て支援事業に関する情報提供をしたり、関係機関との連絡調整をしたりする事業です。利用者支援事業には基本型、特定型、母子保健型があります。基本型は子育て広場、特定型は自治体の担当課、母子保健型は助産師や保健師が担うことが多いです。

　放課後児童クラブは、保護者が昼間家庭にいない小学生に対して、遊びや生活の場を提供して、健全な育成を図る事業です。同事業は、授業終了後に小学校の余裕教室や児童館などを利用して実施されます。

　地域子育て支援拠点事業、利用者支援事業、放課後児童クラブは、子育て支援員研修と関係しています。子育て支援員研修を修了することで、これらの事業を実施することができます。保育士資格や幼稚園教諭免許状を取得していると、取得の過程で学んだ知識や技術を生かせるだけではなく、子育て支援員研修の一部が免除されます。

写真3
うみっこ丸
（NPO法人ふれあいサポート
ちゃてぃず）

●ふりかえり問題

①　子育て支援員研修について、研修内容や受講条件を調べてみましょう（参考図書：浅井拓久也『子育て支援員研修テキストブック 厚生労働省シラバス完全準拠』, 一藝社, 2020年）

②　地域子ども・子育て支援事業には、「地域子育て支援拠点事業」「利用者支援事業」「放課後児童クラブ」以外にどのようなものがあるでしょうか。内閣府やみなさんが住んでいる自治体のホームページを調べてみましょう。

MEMO

（3） 子育て支援

　保育者は、子どもに対する保育だけではなく、保護者の子育て支援を行う必要があります。子育てを取り巻く環境が多様化、複雑化している現代社会だからこそ、保護者に対する子育て支援は重要になります。

子育て支援の原則

　保育者の役割というと、子どもに対する保育を思い浮かべることが多いでしょうが、保育者の役割として保護者の子育て支援も重要です。「保育所保育指針」にも「保育所における保育士は、（中略）子どもを保育するとともに、子どもの保護者に対する保育に関する指導を行うものであり、その職責を遂行するための専門性の向上に絶えず努めなければならない」とあり、保育者の役割として、子どもに対する保育と保護者の子育て支援（保護者に対する保育に関する指導）が明記されています[1]。

　保護者に対する子育て支援では、保育者が何でもかんでも行うのではなく、保護者と連携して子どもの育ちを支えるという姿勢が重要です。「保育所保育指針」にも「保護者に対する子育て支援を行う際には、各地域や家庭の実態等を踏まえるとともに、保護者の気持ちを受け止め、相互の信頼関係を基本に、保護者の自己決定を尊重すること」とあり、子育ての主役は保護者であることが明記されています[2]。

　保護者の子育て支援に関するこうした原則をもとに、実際に保護者に対する子育て支援を行う際は、以下のバイステックの7つの原則を意識するとよいでしょう[3]。

①個別化の原則　　　　　　⑤非審判的態度の原則
②意図的な感情表現の原則　⑥自己決定の原則
③統制された情緒関与の原則　⑦秘密保持の原則
④受容の原則

①個別化の原則とは、保護者一人ひとりの個別性を尊重することです。
②意図的な感情表現の原則とは、保護者のありのままの感情表出を促進することです。

③統制された情緒関与の原則とは、保育者が自分の感情をコントロールすること
　です。

④受容の原則とは、保護者に対して傾聴、受容、共感的理解をすることです。

⑤非審判的態度の原則とは、保護者の意見や困りごとに対して善悪の判断をしな
　いことです。

⑥自己決定の原則とは、保護者の主体性や自己決定を尊重することです。

⑦秘密保持の原則とは、保護者からの相談内容を外部に漏らさないことです。

エピソード

　ある保護者は、2歳の娘が食事中に突然泣き出したり洋服を着替える際に抵抗
したりすると、つい大声でどなってしまうことが多くなり、育児に自信をなくし
ていると担任保育者に相談しました。

　そこで、担任保育者は、「お仕事をしながらの子育てには、楽しいことだけで
はなく、苦しいこともありますよね。2歳になるこの時期の子どもは、親に抵抗
することも増えてきます。自分でやってみたい、でもできないという葛藤でイラ
イラして、泣いたり抵抗したりします。お母さんも大変だと思いますが、あやか
ちゃんが成長するためには避けて通れない過程でもあります。あやかちゃんがイ
ヤイヤいう時は、あやかちゃんはどうしたいの？　と尋ねたり、落ち着くまで
待ってあげるのはどうでしょうか」と回答しました。

　このように、保護者に対する子育て支援は、保護者の気持ちやこれまでのやり
方を否定したり批判したりするのではなく、肯定的、共感的にとらえるようにし
ます。

●ふりかえり問題

①　保護者の子育て支援の内容や方法はさまざまにあります。保育所、
　　幼稚園、認定こども園では保護者に対してどのような子育て支援を
　　行っているか調べてみましょう。

②　二人一組になって、一人は自分が困っていることを相手に伝え、も
　　う一人はバイステックの7つの原則を使って相談者に対応してみま
　　しょう。

コラム　よく学び、よく遊べ！

　よい保育者になるためには、大学や短期大学でしっかり学ぶだけではなく、しっかり遊ぶことも大切です。

　保育者は保育の専門家ですから、さまざまな知識や技術を身につける必要があります。子どもの発達や心理、子どもの主体性を引き出す環境構成、保護者の子育てに対する支援など、授業や教科書から学ぶことはたくさんあります。

　ですが、それだけではよい保育者になれません。学生時代にしっかり遊ぶことも大切です。遊びを通して、授業や教科書からは学べないさまざまな経験ができるからです。その経験が保育者になってから生きてきます。保育室の環境構成、製作活動で使う素材の選択、リズム体操で使う音楽や子どもが楽しめる絵本や動画の選択のように、みなさんがしっかり遊んできた経験が保育のさまざまなところに生きてきます。

　いま、認可保育所で保育士として活躍している山崎彩華さんも授業はしっかり聞き、たくさん遊んでいました。山崎さんは保育実習Ⅰ（施設実習）の際にけがをしてしまいました。そのため、教育実習も予定していた時期に参加することはできませんでした。友だちが教育実習に行っているのに自分は参加できないことは、とてもつらかったのではないかと思います。

　ですが、山崎さんは持ち前の明るい性格と前向きな気持ちで、2年間で保育士資格と幼稚園教諭免許状を取得しました。いまでは子どもに大人気の保育士として活躍しています。

　学生時代は、しっかり学び、しっかり遊んでください。それが、よい保育者になる秘訣です。

◎学生時代の山崎さん（左）

◎保育士として活躍中！

<引用文献>

1）厚生労働省「保育所保育指針」，2017
2）前掲書1）
3）F.P バイステック『ケースワークの原則［新訳改訂版］：援助関係を形成する技法』，誠信書房，2006

第 1 章

保育者に必要な基本的な力とは何でしょうか？

1.1 保育者に必要な基本的な力

　本節では、保育者をめざして養成校で学び始めようとするみなさんに、保育者に必要な基本的な力を示していきます。これから専門的な力を身につけるために土台となる基礎的な力とは何か、ここでしっかり確認しておきましょう。

(1) 読む・書く・聞く・話す

　保育の仕事は「人」と関わることで成立する仕事です。「コミュニケーション力が大切」ともよくいわれますが、コミュニケーションの状況やスタイルはさまざまです。子どもたちの中に入って、対話をしながら遊びや生活をサポートするようなやり取りや、子どもの前に立って大切なことを伝達する場面だけではなく、保護者との対面での短時間の情報交換や子育ての相談・アドバイス、連絡帳を用いての家庭と園との情報共有、お便りを通じての家庭への伝達、同僚や上司との日々の業務に関する意思疎通などもあります。そのコミュニケーションにはさまざまな要素が関係しますが、ここでは、その基本となる「読む」「書く」「聞く」「話す」力について、簡単にふれておきます。

「読む」こと

　保育者養成校の学生にとって、「読む」機会は本当に数多くあります。たとえば、各種連絡事項の書かれた配布物や掲示物、授業内容が一覧になった講義概要（シラバス）、各科目の教科書や3法令（幼稚園教育要領・保育所保育指針・幼保連携型認定こども園教育・保育要領）などです。保育の幅広い専門知識や技能を身につけるために、演習・実技、実習などの体験や、ディスカッションから学ぶことはもちろん多いですが、文章を「読む」ことで得られる知識もないがしろにはできません。また、「読む」ことは、さまざまな思考のきっかけにもなります。

一言で「読む」といっても、いろいろな読み方があります。たとえば、友だちとのSNS上での日常的なやり取りにおいて相手からのメッセージを「読む」場合は、お互いの間だけで意味が通じる短いセンテンスなどを用いながら、それほど集中力を必要とせずとも、スピード感のあるやり取りを展開することもできるでしょう。少々の見落としがあっても、あとから十分リカバリーできることの方が多いと思います。

しかし、事務的な連絡文書の掲示や教科書の内容は、なかなかそうもいきません。内容をていねいに理解しながら精読することが必要となります。連絡事項の見落としがあると、大事な手続きに間に合わなかったり、不利益を被ることもあります。また、教科書の場合は、見落としたり、わからないことをそのまま放っておくと、授業の回数を積み重ねるほどに理解ができなくなっていくこともあります。わからない内容を放ったらかしにせずに、解決しながら「読む」ことも必要となってきます。

また、教科書を音読すると、意外と読み方のわからない漢字や意味のわからない言葉があることに気づくこともあります。「大学生にもなって……」と思う人もいるかもしれませんが、予習の際には音読してみることもお勧めします。

実際に就職してからも、保護者からの連絡帳はもとより、各種研修の資料、自治体や関係各所からの通知文書、そして3法令など、「読む」機会がたくさんあります。養成校での日常の生活や授業で「読む」ことは、仕事に就いてからさまざまなものを読み、要点をつかみ、必要な事項を理解するということのトレーニングでもあるのです。

「書く」こと

養成校の授業においては、レポートや記録、実習においても日誌や指導案、お礼状など「書く」機会も大変多いものです。採用試験にあたっては、履歴書の提出を求められたり、小論文を課されたりすることも多いでしょう。最近はパソコンやスマートフォンを活用してやり取りをすることも増え、紙に文字を「書く」機会が減ってきていますが、保育現場においては、お便りや連絡帳など紙に「書く」ことも多くあります。

「書く」ときの基本的な事項としては、読む相手が見やすいていねいな文字で書くということや誤字・脱字に気をつけるということがあります。漢字や送り仮名については、正しいと思い込んで勘違いして覚えている場合もありますので、日常的に友だちや教員にチェックしてもらうのもよいでしょう。とくに連絡帳は、

毎日の子どもの様子を家庭と共有し、連携して保育を展開するために大変重要なものであり、しかも保育中の短い時間で要点をまとめて書く必要があります。読みづらい誤字だらけの連絡帳では、内容が正確に伝わらず、保護者の信頼を損ね、適切な保育が行えないかもしれません。

そして、連絡帳ということでいえば、実は「書く」ときにこそ「読む」力も必要となります。連絡帳は、保育者から家庭に、子どもの園での一日の様子を伝えるだけでなく、保護者から家庭の様子を伝えられたり、子育て相談を受けたりすることもあります。そういった内容を読み、的確にポイントをとらえ、寄り添い、簡潔に回答を書く力も必要です。

「聞く」こと

保育においては、子どもや保護者の気持ちに寄り添い、関わることが大切です。そのためには、相手の話をよく「聞く」ということが大切な力となります。

コミュニケーションが苦手だという人もいると思いますが、この場合、「人前で上手に喋ることが苦手」というように、発信力に着目してのことが多いようです。しかし、人の気持ちに寄り添うということからすれば、発信することよりも、まずは受信することが必要です。「聞く」力とは、相手が言いたいことや思いを受信する力といえるでしょう。これは、ただ黙って聞いているというだけでなく、話に対して相槌を打ったり、目を見て話を聴いたりなど、相手が思いを出しやすくする技術も関係してきます。

養成校においても、「聞く」場面はたくさんあります。授業においては、教員の講義を聴いたり、他人の発表を聴いたりすることもあります。グループディスカッションを行うときも、自分から話し始めることもあるかもしれませんが、多くの場合は、最初の投げかけに対してしっかりと聞いて理解し、それに対して次の話を展開していくことになるでしょう。わからないことがあったときには、質問をすることを通して、伝えられた内容について詳しく「聞く」ことができれば、その後、より有意義なやり取りができるようになります。

「聞く」力を身につけるということは、心を向けて傾聴し、人の話から思いの要点をつかむ力を身につけるということにほかなりません。

「話す」こと

「話す」ということは、日常生活においてもっとも多用するアウトプットの方

法でしょう。保育の仕事においても、子どもと、保護者と、同僚や上司と、言葉を通じてコミュニケーションをとるときに、自分の思いを伝えようと思えば、「話す」場面が多くなると思います。ここで注意をしておかなくてはならないのが、TPO（時、場所、場面）をわきまえた話し言葉です。自分の友人と話をするときの言葉、子どもと一緒になって遊ぶなかでの話し言葉、子どもの前に立ってきちんと物事を伝えるときの言葉、保護者と登降園時に情報交換するときの言葉、同僚や上司と雑談をするときと会議で話すときの言葉は、それぞれ異なるでしょう。

また、話すときは言葉だけでなく、わかりやすくポイントを押さえた話の構成、表情・身振り手振りといった視覚的な表現を交えた話し方、声の大きさや高さ、スピードなどを工夫することによって、「話す」という行為がより効果的になります。話すタイミングにより、同じ内容でも効果的に伝わるときとそうではないときがあるでしょう。相手の様子をよく見て、話が届く状況かどうかを考える必要があります。場合によっては、話す前に聞いてもらえる状況を意図的に作っておくことも必要です。

養成校の授業では、発表やディスカッションなどで「話す」場面があります。また、実習先への電話やあいさつへうかがうときも、最初は緊張感のなかで「話す」場面でしょう。こういった場面では、事前に話すポイントを定めておくと失敗が少なくなります。なかには、人前で喋ることが得意な人もいるでしょう。それは特技として生かしていくとよいと思いますが、大切なことは他人に伝わるように話せるか、というところです。「大丈夫ですよ、私、喋るの得意なんで」という人も、自分が「喋ることができる」ではなく、相手に「伝える」に焦点を当てて「話す」力を磨いていきましょう。

保育者養成校において、専門的な知識や技能を身につけるために「読む」「書く」「聞く」「話す」という力が必要ですが、これらの力そのものが専門的技能として身につけるべき力ということになります。

●ふりかえり問題

① 前後左右のいずれかの人と目を合わせ、あいさつ・自己紹介・今日の朝ご飯などについてお互いに笑顔で会話をしてみましょう。その際、聞いている人は、相手を別の誰かに紹介するつもりで、メモを取ってみましょう。

② メモをもとに、①で話した相手を別の誰かに紹介してみましょう。

（2）学ぶ意欲

　意欲は、生きる基本です。保育者はもちろんですが、何をするにも意欲なくして物事は始まりません。ここでは、保育者をめざして勉強を始めたみなさんに、意欲をもつことの重要性や当初の目的を達成することの大切さを再認識してもらいたいと思います。

意欲をもつには、まず目標を定めること

　いま、みなさんは、「保育者（幼稚園教諭・保育士・保育教諭など）になりたい」という目的をもって勉強を始めたことでしょう。きっかけは、「幼い兄弟姉妹のお世話を経験するなかで、小さな子どもたちと関わることに喜びを感じ、将来そういった仕事に就きたいと思うようになった」「自分の幼児期の担任の先生に憧れて、自分も保育者になりたいと思った」など、人それぞれだと思いますが、みなさんは、おそらく、将来幼稚園や保育園、認定こども園で働くための免許・資格を取得したいという同じ目標をもって、スタートラインに立っていることでしょう。それは、とてもすてきな進路を選ばれていると思います。この「保育者になりたい」「免許・資格を取る」という思いを大切にしてほしいと思います。

　「志を立ててもって万事の源となす」とは吉田松陰の言葉ですが、「○○な保育者になりたい」というはっきりとした目的（志）があり、目的を達成するための目標を定めていくことができれば、一つひとつ乗り越えるための意欲がわいてきます。免許・資格を取るということは、専門的な知識や技能、ものの考え方を学び、身につけるということです。ときに慌ただしく大変なこともあるでしょう。目的がはっきりしていないと、この慌ただしさに流されて、何のために勉強しているのかわからなくなってしまい、夢をあきらめてしまうことがあるかもしれません。しかし、目的がはっきりしてさえいれば、忙しさのなかで道を見失うことがあっても、あきらめることなく頑張ることができ、大変な日々にも自分の内側からエネルギーが沸き立ち、自分を成長させる喜びを感じることができます。

　みなさんには、まず自らが保育者になりたいと思っていることを自覚し、「どのような保育者になりたいのか」という目的をはっきりさせることから始めてもらいたいと思います。もちろん、いまそこまで具体的ではない場合も、がっかりすることはありません。授業や実習を重ねていくなかで、少しずつはっきりしてくることもあります。

「学生」ということ

　みなさんは、高等学校までと大学・短期大学とでは何が違うと思いますか。もちろん、いろいろな違いがありますが、一つには、みなさんのことを指す言葉が変わっています。高校生までの間は「生徒」、もっと幼いころは「児童」とよばれていたかもしれません。大学や短期大学では、「学生」とよばれます。

　これらの呼び名は、学校教育法によれば次の表のようになります。

呼び名	対象
児童	初等教育を受けている者：小学生
生徒	中等教育を受けている者：中学生・高校生
学生	高等教育を受けている者：短期大学生・大学生・大学院生 高等専門学校生

※「児童」については、児童福祉法では18歳未満を指す。その他法律でも指す範囲が
　異なるものがある。

　近年は、アクティブ・ラーニングが重視され状況が変わってきつつありますが、一般的に「生徒」というと、まだまだ先生が生徒を律する場面が多く、そのなかで生徒は、教えられたことを身につけていくことが多いのではないでしょうか。それに対して「学生」というと、興味のある学問を自ら学んでいくことが求められます。みなさんは、保育者になりたいという自身の思いを出発点として、自ら養成校を選び受験をし、学びに来ているのです。学ばされるのではなく学びに来ているとするなら、受け身で待っているのではなく、自分の欲するものを自分で深め、追求していく喜びを感じながら、意欲的で充実した学生生活を送りたいものですね。

前に述べたように、何事を行うにも目的をはっきりさせ、意欲をもって物事に取り組むことが基本ですが、幅広くさまざまなことを学ぶ保育者への道を乗り越えていくために必要な、学びの基本的なことをもう一つお伝えしておきましょう。それは、課題やスケジュールを自分で管理するということです。

保育者になるためには、本当に多くのことを学ぶ必要がありますが、とくに幼稚園教諭免許状と保育士資格の両方を取得しようとする短期大学などでは、2年間で次から次へと課題が課される場合もあります。そんなとき、自分の頭の中だけですべてを処理しようとすれば、初めのうちは大丈夫でも徐々に追いつかなくなり、ついにはパンクしてあきらめてしまうこともあるでしょう。ですから、課題や予定について、しっかり管理する術を身につけることが大切です。

管理するためにはさまざまな方法がありますが、手軽に始められるのは手帳を使用することでしょう。表紙にお気に入りの柄が入った手帳を選ぶだけでも、気持ちが高まるものです。最初は、1か月カレンダーと1週間カレンダーのページがあり、記入スペースがあるものが使いやすいかもしれません。1か月カレンダーには行事などの予定を記入し、1週間カレンダーには課題など締切のあるものを書き込んでいくなど、自分なりにルールを決めて記入するとよいでしょう。終わった課題にはチェックを入れていくと、何が終わって何が終わっていないかがわかりやすいでしょう。

スマートフォンのカレンダー機能のあるアプリを利用するという方法もあります。いまや多くの人が手軽に利用しているスマートフォンですが、学生の多くは、インターネットに接続してお気に入りのサイトを閲覧するか、SNSを利用することが主な目的となっているのではないでしょうか。アプリをうまく利用すれば、より手軽にスケジュールを管理することができるようになります。筆者自身も、これのおかげで随分と仕事の管理が楽になりました。課題を管理することで、いつまでに何を済ませればよいかといった目標がはっきりし、一つひとつ課題をクリアすることに意欲的に取り組むことができるようになるでしょう。

●ふりかえり問題

① 自分自身が、なぜ保育者（幼稚園教諭・保育士・保育教諭など）になりたいと思ったのか、どのような保育者になりたいのか、その志の原点をふりかえり、具体的に書いてみましょう。

（3） マナー

保育職は、「人」と関わる仕事です。子どもたちはもちろんのこと、保護者や職場の上司・同僚、小学校の先生、地域の他業種の人々などなど……実にさまざまな「人」と関わる機会があります。

保育者にとっては、保育の専門的な知識や技能はもちろんですが、「人」にどのような印象を与えるかという点も、大変重要な要素であるといえます。つまり、「人」と関わる力が求められるのです。その力のポイントの一つとなるのが、マナーです。ここでは、「マナーとは何か」といったことについて、大まかに説明します。

マナーって何？

「マナー」という言葉は、多くの人が耳にしたことのある言葉だろうと思います。保育者養成校をめざすみなさんや入学されたばかりのみなさんの身近なところでいえば、入学試験で面接があり、そのためのマナーを練習している（練習していた）、という人もいるのではないでしょうか。こういった経験からも、マナーとは特別な場にのぞむにあたり練習して身につける、何か「特別なもの」といった印象をもっている人もいるかもしれません。

このマナーというのは、いったい何でしょうか。辞書で調べてみると、「行儀。作法」というように書いてあります。幼いころに家族から「ご飯を食べながら立ち歩くのはお行儀が悪いよ」とか「電車に乗ったらお行儀良くしようね」などと言われたことがある人もいるかもしれません。そういった例から考えると、マナーは決して特別なものではなく、きわめて日常的なこととも感じられます。

つまり、マナーというのは、生活のなかで習慣化してきた立ち居振る舞いや言動の作法のことで、ある一定の文化のもとでの常識として、お互いの了解事項となっているものと考えられます。ですから、生活習慣や文化が変われば、もちろんその内容も変わります。一つひとつを考えていけばきりがないようにも思われますが、大切な根っこは意外とシンプルです。それは、「関わる人を嫌な気持ちにさせない」という心配

りです。マナーは生活の随所に関わっており、マナーをふまえた行動によって、お互いに不信感や嫌な気持ちを与えず、安心感や信頼感をもって良い関係を結ぶことができるという効果もあるでしょう。周囲の人は、無意識にその人のマナーを印象として感じ受けとっています。何だか感じの良い人、悪い人という判断にもつながっているかもしれませんね。

みなさんは、感じの良い先生になりたいですか？　不信感をもたれる先生になりたいですか？

どんなマナーがあるの？

では、マナーには、どのようなものがあるのでしょうか。実際には、日常生活のなかのほとんどの場面でマナーはあります。あいさつ、身だしなみ、食事、言葉遣い、座席、交通マナーや相談マナー、他人の物品を借りたり使ったりするときのマナー、年中行事や冠婚葬祭でのお祝い、お見舞いや贈り物、神社やお寺への参拝にもマナーがあります。

「親しき仲にも礼儀あり」といいますが、見ず知らずの他人と関わるときや家の外の特別な場面だけでなく、家族の中でもきっと何かしらのマナーがあるはずです。こうして文字にして羅列すると、「やっぱり大変！　きりがない！」という気持ちになるでしょうか。しかし、そのなかには、まったく意識していないだけで、日頃からすでに自分のなかに習慣化しているものもたくさんあるでしょう。たとえば、朝ご飯のときに「いただきます」と感謝の言葉を発してから食事をとるとか、朝、学校で人に出会ってあいさつするときにも、友だちと出会えば「おはよう」と声をかけるところを、先生に出会えば「おはようございます」と言葉が変わる。これもマナーです。こういったことは、もはや意識的に心がけていなくても自動的に言動となって現れることも多いのではないでしょうか。これが大切です。先にも述べたように、マナーは生活のなかで習慣化した、いってみれば常識のようなものですから、あたり前のようにこなしていることも多くあるのです。

一方で、日頃の生活に馴染みのないことについては、よくわからないことも多いでしょう。職場の上司や先輩と会議室で会議を行うときやタクシーで出かけることを思い浮かべたとき、どの席に誰が座るかといった席順や、フランス料理の食事マナーと聞いて、学生のみなさんはどのくらいピンとくるでしょうか。習慣化していないことは、なかなかその場ですぐには出てこないものです。

また、マナーは時代や地域によって変化するものでもあります。たとえば、上

司からの指示や連絡に対して、時代劇や歴史物のドラマで耳にするような「御意（ぎょい：「ご命令のとおりに」という目上の人に対する返事に用いた語）」という返事をする人は、いまはおそらくいないでしょう。「承知いたしました」などが一般的です。何かの恩恵を受けたときも「かたじけない」と感謝を述べている人はあまり見かけません。「ありがとうございました」が普通でしょう。食事マナーについても、和食では茶碗などの器は手に持って食べるのが一般的なマナーですが、中華料理などは、取り皿を手に持たず、置いたまま食べるのがマナーだそうです。

また、一時期話題になったヌーハラ（ヌードルハラスメント）などのように、賛否のあるものもあります。このように、時代や地域によっても変化するものでもあるのです。

保育者の仕事は、関わる人同士の信頼感のなかで成り立ちますので、まずは自分の暮らす地域において、より幅広い世代に受け入れられる生活の習慣を知ること、その知識を得たら、生活のなかで繰り返し実践することで自動的に行動に移すことができるようにすることを心がけましょう。そして、大切なのは、自分が正しいと思う主張を押しつけることではなく、お互いに気持ちよく生活できるようにするための心配りをすることです。状況を見ながら、時には柔軟に合わせる協調性ももち合わせておくとよいですね。

●ふりかえり問題

① エレベーターを利用しようと思って数人で待っているところへ、年配の方が後ろに並びました。全員でエレベーターに入るとかなり窮屈になりそうです。あなたなら、どのように立ち振る舞いますか。

② 写真のような様子を見たとき、あなたはどのように感じますか。また、みなさんがめざす保育者なら、どのような対応をするでしょうか。

（4） ふりかえり

【「すてきな保育者」になるということは、「すてきな人」になるということ】

　この節では、保育者に必要な基本的な力を見てきました。今回取り上げたのは、読む・書く・聞く・話すといった基本的な方法で他者ときちんとコミュニケーションをとれる力、しっかりした目標があり、何事にも意欲的で主体的な自立した生きざま、人に対して嫌な気持ちを起こさせず、誰からも信頼される力……。こういった力を備えた人のそばにいると、想像するだけでも何とも心地よく、周囲にいる人もきっといきいきと生活することができそうです。そのような人を一言で表すと「すてきな人」といえるかもしれません。

　もちろん、保育者になるためには、子どもの遊びを豊かにサポートし、生きる力の基礎を育むためのさまざまな専門的な力が必要です。たとえば、子どもの発達に関する知識、子どもの健康や安全を守りながら成長をうながすための環境を構成する力、保育の具体的な内容を構想し工夫して実践する力、子どもの気持ちに寄り添い臨機応変に対応する力、特別な支援が必要な子どもへの対応力、幅広い教養と豊かな感性をもってアイデアを形にしていく表現力や創造力など、さまざまな専門的知識や技能が必要です。しかし、人と関わる仕事においては、専門的知識・技能を乗せる土台がしっかりしていないと、どんな知識も技能も効果が半減してしまいます。

【保育者のスタートラインに立つ３つの条件】

　とはいえ、いまの自分を振り返って見ると、「私は、こんなすてきな人になんかとてもなれない……」と沈んだ気持ちになってしまった人はいないでしょうか。でも、結論を焦らないでください。もちろん、最初からすべて完璧にこなせる人はいません。また、保育・幼児教育の仕事に就いて働き始めてからも、いつ何時でも間違いや失敗がなく、つねに「すてきな人」でいられる！　という人も多くはいないのではないでしょうか。しかし、こういうイメージの先生になりたい！という志を自分の中にもっているか否かによって、初めは失敗を繰り返したりわからないことばかりでも、１年、２年、５年、10年と経験を経ていくうちに、大きな違いが出てくるものです。

　かつて筆者の恩師は、「良い保育者になるためには、まず３つの条件がある」

と教えてくださったことがあります。それは①「笑顔」がすてきなこと、②「あいさつ」がしっかりできること、③「尻軽」であること、ということです。

まず①「笑顔」についてです。子どもたちは、朝、いろいろな思いを抱いて園にやってきます。元気がよく、大好きな先生や友だちと会えることが楽しみで仕方がない子どももいるでしょう。今日は何をしようかとウキウキしているかもしれません。しかし、時には気分が乗らず、朝ぐずって行きたがらない子どもに親が何とか寄り添い、なだめられながら連れてこられた子もいるでしょう。また、その日が初めての登園日だったりする子どもは、不安でいっぱいかもしれません。そのような子どもたちをまず受けとめ、迎え入れるのが先生の優しい「笑顔」です。子どもにも保護者にも安心感を与える「笑顔」ができるとよいですね。

次に②「あいさつ」です。これはコミュニケーションの基本であり、人と人が心をつなぐ第一歩といえます。人とすれ違っても何の言葉も交わさなければ、それっきりでつながることはありません。「あいさつ」を交わすことで、つながりのきっかけが生まれます。そうやって繰り返していきながら、少しずつ関係を築いていくのです。人と関わる保育者の仕事では、欠かせないことですね。

そして最後は③「尻軽」です。ここで、あれ？　と不思議に思われる人もいるでしょう。これがなぜ、良い保育者の条件なのか、と。①と②は、なんとなくイメージができますが、「尻軽」とは、一般的にはネガティブな意味で使われます。辞書などには、浮気な女性の様子や落ち着きがなく言動が軽々しいことをいう言葉として紹介されています。しかし、ここで言う「尻軽」とは、身軽で動作が機敏であるという意味です。「お尻を軽く、身軽に動きましょう」ということですね。

保育現場で先生方を見ていると、子どもたちと室内で一緒に遊んでいても、フロアにお尻をべったりつけて完全に座った状態でいる先生は一人もいません。ましてや、あぐらをかいて座っている先生なども、膝や足に不都合がある場合を除き見かけません。膝をついた状態で、いつでもスッと立ち上がって動けるような姿勢で子どもの対応をしている姿をよく見ます。危ないことがあったときや何か急に動く必要があるときに、すぐ動ける体勢でいるのです。子どもにぶつかられても、少々ではビクともしません。

また、お尻を軽く身軽に動くということは、さまざまなことに「気づく力」がある、ということでもあります。子どもと遊びながらも全体をよく観察し、必要なことを察知する力があるから動けるのです。

みなさんも、この「笑顔」「あいさつ」「尻軽」をキーワードに、共にすてきな保育者をめざしてがんばっていきましょうね。

1.2 読む・書く

　本節では、「読む」と「書く」という、大学生にとっても保育者にとっても基礎であり重要な力を身につけることを目的とします。「読む」ことは、知識を身につけることの基盤となり、「書く」ことは相手に情報を伝える手段となります。ここで、その基本的な事柄を確認しましょう。

 （1）　教科書の読み方１（論理的に読む）

　文章を読む機会は、日々たくさんあります。もちろん趣味といった部分もそうですが、大学生は「教科書」や「専門書」を読み解かなければなりません。大学生レベルの専門書になってくると、なかには文章がむずかしいものも少なくありません。そこで、ここでは教科書の読み方について考えていきます。実は教科書というのは、筆者がわかりやすく、論理的に書くように努力をしています。

　たとえば、小説や漫画は意図的に情報を伏せて、伏線や表情、セリフからストーリーを読者の判断に委ねる手法が使われます。それが感動をよんだりするのですが。しかし、教科書ではそのような手法は使われません。必要な情報をわかりやすく書くことだけに力を注いでいます。例文を用意しました。

　　日本の幼児教育は、「幼稚園」・「保育所」・「認定こども園」の３つの施設に大きく分けることが出来る。いずれの施設においても、就学前の教育機関であり、日本の教育の重要な一部分を担っている。これらの施設の大きな違いに所管となる機関の違いがある。「幼稚園」は文部科学省の管轄下にあり、「保育所」は厚生労働省に、「認定こども園」は内閣府が管轄し、文部科学省と厚生労働省と連携している。また、必要な資格免許も異なり、「幼稚園」は幼稚園教諭の資格が必要であり、「保育所」は保育士資格が必

要である。「認定こども園」は園や地域によって異なる。あわせて、幼児教育の指針を示す３法令「幼稚園教育要領」、「保育所保育指針」、「幼保連携型認定こども園教育・保育要領」があり、それぞれ対応する法令の下に保育、教育活動を行う必要がある。

さて、少し長いですが、教科書に載っていそうな文章を筆者が書いてみました。少々専門用語が出てきて、「読みにくいな」と思われてしまったかもしれません。では、こうした文章を論理的に分割しながら、ていねいに一緒に読んでみましょう。

情報を整理する

まず、この文章を読んで、みなさんは「何のことが書かれている」と考えましたか？

１行目〜２行目に目を向けてみましょう。

①日本の幼児教育は、「幼稚園」・「保育所」・「認定こども園」などの３つの施設に大きく分けることができる。

文頭で、日本の幼児教育機関が３つあり、機関名を説明しています。ということは、この文章は、幼稚園や保育所の基本的な説明をする文章だということがわかります。

②いずれの施設においても、就学前の教育機関であり、日本の教育の重要な一部分を担っている。これらの施設の大きな違いに所管となる機関の違いがある。

次の文章では、幼児教育が重要であるという、周知の事実が書いてあります。そして、３つの施設には違いがあると説明されています。ということは、次はその違いを説明する文章がきます。

③「幼稚園」は文部科学省の管轄下にあり、「保育所」は厚生労働省に、「認定こども園」は内閣府が管轄し、文部科学省と厚生労働省と連携している。

さて、ここでは重要な情報が書いてあります。保育者としては知っておかなければならない、幼稚園や保育所、認定こども園の大きな違いが説明されていますね。幼児教育は国の教育の一部を担っていますから、こうした国家の管轄であるとか免許、方針は働くものとして知っておかねばなりません。

　　④また、必要な資格免許も異なり、「幼稚園」は幼稚園教諭の資格が必要であり、「保育所」は保育士資格が必要である。「認定こども園」は園や地域によって異なる。

　次に、免許も異なるという重要な情報が書いてあります。みなさんが、幼稚園で働きたい場合は、幼稚園教諭の免許が必要になります。保育士資格のみでは幼稚園で働くことはできません。

　　⑤あわせて、幼児教育の指針を示す３法令「幼稚園教育要領」、「保育所保育指針」、「幼保連携型認定こども園教育・保育要領」があり、それぞれ対応する法令の下に保育、教育活動を行う必要がある。

　最後の文章には、「３法令」という専門用語が出てきました。さらに「要領」とか「保育指針」などあまり聞きなれない単語もありますね。文章にみなさんが知らない言葉が出てきたとき、次の二つの行動を選択することができます。

　　①わからないからとばす。あとでわかればいいや。いつかわかるだろう。
　　②少し調べてみる、もしくは先生に聞いてみよう。

　①は、小説や漫画ならよいでしょう。実はあとからその意味がわかるような手法をとることもありますから。しかし、教科書や専門書では推奨されません。言葉の意味を理解せずに次に進んでしまっては、内容がわからなくなってしまいます。
　もし、この後の文章が「３法令」や「幼稚園教育要領」の中身についての話だとどうでしょうか。項目の中身がわからなくなり、教科書を読むモチベーションが低下してしまうでしょう。
　そこで、少々面倒でも②をお勧めします。家で教科書を読んでいたら、辞書やスマートフォンで簡単に意味を調べることができます。授業中なら、そこに線を引き、授業中か授業後に先生に聞くことができます。

　文章を論理的（道筋を立てて）に読むためには、わからない言葉があれば調べる必要があります。そして、確実に読んでいくということです。文章を分割したら読みやすくなりませんでしたか？　しっかり文章の末まで（句点〈。〉まで）一文ごとに読むと、かならず読みやすくなります。

> ## まとめ

　実は、学生時代の私は、楽をしようと教科書を流し読みしていました。やはり理解が浅かったです。しかし、恩師である先生が「理解するために専門書は２～３回はかならずていねいに読んでいる」と仰っており、「先生でもそうやって読むのか」と衝撃を受けました。そこからは、ていねいに読むように心がけたら徐々に理解が深まるようになりました。実はこれこそが、論理的に教科書を読む第一歩だったのです。まずは、ていねいにゆっくりと一文一文読んでみてください。もちろん疲れたら、ほどよく休憩してくださいね。

●ふりかえり問題

①　この節をていねいに、必要であれば線を引きながら読んでみよう。

MEMO

（2） 教科書の読み方２（批判的に読む）

　2000年くらいから、クリティカルリーディング（シンキング）という言葉を耳にすることが増えました。声高になったのは、2003年のPISA（世界共通の学習到達度のテスト）の結果からだったのではないでしょうか。

　クリティカルリーディングの意味は、「批判的に読む」です。批判的に読むということは、文章を攻撃的に批判や非難せよという意味ではありません。ただ文章を漠然と受け入れるのではなく、その中身が正しいのか否かを自分で考察し、自分の考えを説明することができるという能力です。PISAにより日本人は、クリティカルリーディングが苦手だという結果がでました。そこでまず、クリティカルリーディングを経験しましょう。

> どちらの広告が好き？

　文章を批判的に読むためには、前項で学んだ論理的に文章を読み、まず内容を理解する必要があります。それをふまえて以下の二つの文章（筆者作成）を読んでみてください。どちらの広告の方が好きですか？　その理由も教えてください。

---

　①最近のトレンドに野球女子という言葉がある。いまや「野球観戦＝男の趣味」の世界ではなくなってきているのだ。実際に球場に足を運ぶと観客の３～４割が女性だとすぐにわかるだろう。そして、各々好きな選手のグッズを片手に野球応援に興じ、良いプレーに隣の友人や同じ趣味の仲間と観戦を楽しむ。あなたもぜひ野球観戦に行こう！

---

　②ようこそスポーツの世界へ!!　日々の生活に刺激と感動が欲しいあなたは一度、野球場に来てみませんか？　スポーツの予想できない一瞬の感動が、あなたを熱狂させてくれます。球場では可愛いのにちょっとブラックジョークがきいたマスコットショーに、アイスやビール、選手プロデュースの特別なお弁当があなたの休日を飾ります!!　行ってみよう野球観戦!!

さて、実際に野球女子という野球ブームが起きましたが、この文章を読んでみて、どちらの広告がより良い広告かを考えてみてください。理由ももちろん書いてください。両方ダメならその理由を書いて、代わりにより良い広告を作ってみてください。広告の素人である私が書いたので、遠慮なく批判してください。誰にも文句は言われません。

ストーリーをクリティカルリーディングしてみる

日本人はクリティカルリーディングが苦手だと書きましたが、日本人の能力が劣っているからではありません。ただ、日本の国語学習では、積極的にクリティカルリーディングが行われていないからです。高得点の国では、クリティカルリーディングを用いた学習がより行われているというだけです。そこで、クリティカルリーディングを学ぶ二歩目を踏み出してみましょう。

みなさんは、これまでの学校生活でいわゆる名著といわれるたくさんの「物語」を読んできたかと思います。夏目漱石『こころ』や井伏鱒二『山椒魚』、太宰治『走れメロス』、新美南吉『ごんぎつね』、宮沢賢治『注文の多い料理店』など、数え切れないほどの作品があります。さて、みなさんが知っている物語を思い出してください。では、質問をしたいと思います。

「『ごんぎつね』を読んで、このような終わり方でよいと思いますか」

・有元秀文『必ず「PISA型読解力」が育つ七つの授業改革─「読解表現力」と「クリティカル・リーディング」を育てる方法』, 明治図書, 2008, pp68-74
・有元秀文『まともな日本語を教えない勘違いだらけの国語教育』, 合同出版, 2012, pp11-31

教育学者の有元秀文氏は、著書の中で上記の問いをしています。周知のように、『ごんぎつね』は悲しい終わりになっています。人によっては受け入れられないかもしれませんし、余韻を感じさせる儚さに物語としてのすばらしさを感じるかもしれません。それは人の多様性であり、どちらも正しい感想です。

大切なことは、作品をすばらしいとだけ解釈する（させる）のではなく、賛同も批判も受け入れながら仲間と議論し、多様な意見を積極的に受け入れることが重要なのです。

クリティカルリーディングを通じて、解釈を深める

せっかくなので、『ごんぎつね』でクリティカルリーディングをしてみましょ

う。物語をよく読んで、論理的に思考するために一度読んでみませんか。『ごんぎつね』は著作権が切れているため、ウェブ上で著作権の切れた文学作品を掲載している『青空文庫』で読むことができます。ICTを活用して検索して読んでみましょう（「ごんぎつね　青空文庫」で検索）。

　読めたと思うので、聞いてみます。「ラストをどう思いましたか？」ノートに書き出してみてください。書けたらグループワークをして仲間がどう思ったのかを教えてもらいましょう。自分と違う感想がでると思います。そこを皆で掘り下げてください。大切なことは、

　　　①自分の考えと根拠を示す
　　　②自分と違う意見を受け入れる
　　　③それを掘り下げ、文章を思考する

ことが重要です。時間があれば、ふりかえり問題の作品のテーマについても考察してみてください。

　私も『ごんぎつね』を読んでみました。すると、著者の生い立ちや作品を書いたときの社会背景が気になりました（新美南吉記念館のホームページで閲覧できます）。この情報をもって改めて作品を読むと、また違った感想になるかもしれません。

　さて、少し話をまとめたいと思います。文章を読むと十人十色の感想や理解があります。大切なことはそれを受け入れることです。自分と異なる考えだから「それは違う」とか「あなたを受け入れられない」というのは間違っています。むしろ、は保育者にとっては、その感想や意見を受け入れながら、自分の考え方を深めることがとっても重要なのではないでしょうか。

　まとめ

　クリティカルリーディングを3ページで理解するということはむずかしいことかもしれませんが、まずは基本を理解しましょう。そして、みなさんがこれから多くの資料を読むなかで、その情報をそのまま受け入れるのではなく、一度立ち止まり、ほかの資料や情報もふまえながら本当にそうなのか、実は別の方法もあるのではないかという思考方法（自分の意見を述べるということに当たる）をもってほしいのです。それが、みなさんの実習テーマやレポート、研究テーマに役立つことになるでしょう。

●ふりかえり問題

クリティカルリーディングを実践してみよう（一つ以上実践する）

①グループワークを通じて、改めて作品の最後について再考してみよう。

②作品のテーマを考察してみよう。

MEMO

（3） 情報の集め方

　現代社会において情報を集める方法は簡単になっており、かつ多様化しています。たとえば、スマートフォンがあれば、自分の探している本がどこの図書館にあるかもすぐにわかります。この節を学べば、運任せに図書館に行って、「あー、ここにもなかったか」と落胆する必要はもうありません。

　そして、大学生になると、本を借りる機会が増えます。たとえば、実習で使う絵本や課題を解決するための参考書、専門書を借りたりすることがあります。ここでは、まず図書館の活用方法について学んでみましょう。

図書館の活用方法

　図書館は大学附属図書館や、県や市が運営している公立図書館などがあります。基本的に、本を無料で借りることや読むことができます。

　しかし、図書館には所蔵されているものもあれば、所蔵されていないこともあります。では、どのようにして調べればよいのでしょうか。そこで、みなさんと一緒に図書館横断検索で『ノラネコぐんだん』の絵本を探したいと思います。

　最初に、スマートフォンなどの検索できる媒体があれば、自分の探している本がどこの図書館に所蔵されているかを簡単に調べることができます。ここでは、筆者が所在している山口県を例に探してみます。

　まず、「図書館横断検索 山口（あなたの住む地域）県」と検索をかけます（図表1-1）。

　検索で表示された山口県立図書館の検索サイトを使ってみることにしました。次に、探している絵本の「ノラネコぐんだん アイス」と入力して検索します（図表1-2）。

　この本がどの図書館にあるかがわかりました。図書館や市町村をクリックすると、その町の図書館の情報や貸し出し情報がわかります。

図表1-1　スマホで「図書館横断検索 山口（あなたの住む地域）県」と検索

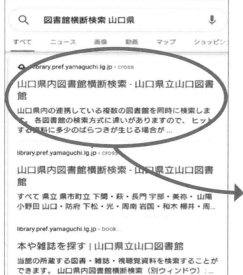

図表1-2　「ノラネコぐんだん アイス」で検索

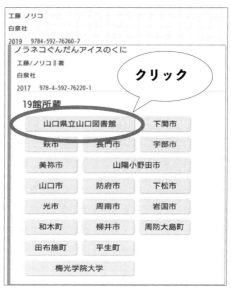

図表1-3　所蔵図書館がわかった

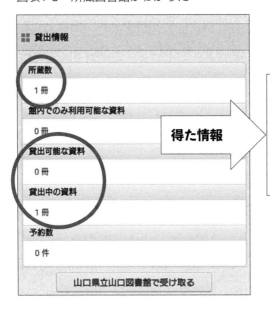

得た情報

山口県立図書館には『のらねこぐんだんアイスのくに』が一冊所蔵されていて、いまは誰かが借りていることがわかった。
一つ前の画面に戻って、ほかの図書館でも 探してみよう。

　どうでしょうか？　すごく簡単でとても便利ではないですか？　本のタイトルだけではなく、作者名やキーワードでも検索できますので、どんどん検索をかけて活用してみてください。また図書館にいけば、同じジャンルの本は、同じ棚に所蔵されていることがほとんどなので、近くにある本にも目を向けると、みなさんが知らなかったけれど探している本が見つかるかもしれません。

　このように、現代社会において「アプリ」や「検索サイト」は非常に便利です。みなさんの調べたいことの手助けをしてくれます。そこで、大学の授業や課題について調べる際の情報法収集の方法の一つとして活用してみてください。

検索サイトの不確かさ

　多くの学生は携帯電話を持っていると思います。みなさんに「〇〇を調べて」と言ったら、ものの数秒あれば検索サイトで調べてしまうでしょう。しかし、「それは本当に正しい情報」でしょうか？　有名な情報サイトに「ウィキペディア」があります。しかし、ウィキペディアは、不特定多数の人が編集をしており、確かな情報ではありません。言い換えれば、間違った情報や勘違いされた情報が書かれている可能性があります。

　たとえば、「小学生の平均身長と体重を調べてください」という課題が出たとします。その際、どのサイトが一番信憑性が高いでしょうか。トップブロガーでしょうか。誰が書いたかわからないまとめサイトでしょうか。文部科学省のデー

タでしょうか。みなさんならどのデータを参照しますか？　まずは、国の機関である文部科学省ですよね。個人の書いた情報は事実かどうかの証拠がありません。

　正しい情報を調べるためには、まず公式のホームページや研究者や国（各省庁など）が調査したものを参照にするとよいでしょう。その際は、引用したサイトを明記するようにしましょう。

●ふりかえり問題

① 図書館検索で『おとうさんはウルトラマン』が所蔵されているもっとも近い図書館を探してください。

② 図書館検索で友だちが指定した本を探してみてください。

③ 検索サイトを使用して、平成30年度の5歳児（男・女）の平均身長を調べてください。
（キーワード 文部科学省　学校保健統計）

MEMO

（4） レポートの書き方

　大学の課題の特徴の一つに、レポートを書くことがあります。しかし、これまでレポートを書く機会はあまりなかったのではないでしょうか。そこで、この節では、レポートの基本的な書き方を学びましょう。

読みやすいレポートとは

　レポートを書くということは、誰かが読むということです。書き手としては、読んでくれる人が読みやすいように配慮しなければなりません。そこで、最初に確認してほしいことが「レポート課題の様式の確認」です。

　様式とは、「用紙のサイズ」「縦書きか横書きか」「1ページあたりの文字数（1行の文字数×行数）」です。様式の作成は、「Word」の機能を使えば簡単にできます。Wordの上のバーにある「レイアウト」をクリックすると、「ページ設定」が出てきます。ここで編集すれば、指定の様式で作成することができます。手書きの場合は、指定の原稿用紙やレポート用紙を購入してください。

　次に、レポートの課題が何かを確認してください。みなさんは、その課題について「調べ」、「考察」しなければならないからです。そして、書きはじめたら、以下のルールを守ってください。これだけで、読み手は一気に読みやすくなります。

　　①文章の始まりは一文字あける。改行した場合も一文字あけて書き出す
　　②誤字脱字に注意。一度音読して誤字脱字のチェックをしましょう！

　レポートは、自分の思うままに書いてもなかなか相手には伝わりません。伝わりやすいレポートの基本的な構成があります。また、伝わりやすい構成というのは、みなさんにとっても書きやすい構成でもあるのです。

レポートの基本的な構成例

①表題（行の真ん中にくる）

　氏名（右詰め）

「表題」は、レポートのタイトルになります。この表題を読めば、みなさんの

レポートに何が書いてあるか一目でわかることが理想です。「例：幼児期の運動時間の変遷について」のように、簡潔に書けると読みやすくなります。

②はじめに（序論、研究の目的）

「はじめに」は、レポートの本題に入る前に、なぜこの研究課題に取り組んだのか、また研究の趣旨を説明する箇所です。例としては、

　スポーツ庁によると、子どもの体力は1987年頃をピークに、以後低下し続け、2020年現在も子どもの体力は回復傾向に至っていないという。そこで、本レポートでは、子どもの体力低下の原因と解決策について考察したいと考えた。

このように、検討課題、自分が興味をもったことから、なぜそれを題目にしたのかを端的に書くとよいでしょう（実際は例文よりも情報量は多く説明します）。

③内容（本文）

さて、いよいよここからは、みなさんが調査した内容を書いていく箇所になります。読み手は、①と②を読んでいるので、あなたがこれから何を書くのかがわかっていますので、本文では調べた内容を説明します。たとえば、体力低下の原因として「子どもの外遊びの時間の推移」を調べたいとしましょう。

生活調査アンケートと子どもの運動時間（見出し）

　近年、社会不安などから子どもの外遊びの時間が減少していることが、生活調査アンケートから明らかにされている。事実、舩場によれば、「幼児期の、運動時間は、平均一日当たり××分減少している」[1]と説明されている。そこで、次に減少した外遊びの時間はどのような時間の使い方に変化したのかを調査した。

〜〜調査内容の説明〜〜

　このように、学習時間の増加や、室内での遊び時間に変化していることが判明した。次に結論で、子どもの遊び時間の変遷について考察したい。

さて、内容を書く際には、データや資料を引用することがあります。そこには一定のルールがあります。引用文とは、人の文章をそのまま自分の文章に載せる場合を指します。著作権がありますので、引用とわかるようにしましょう。

　引用文は引用した人の名前を書き、内容を「」で括ります。次に注番号を打ちます。

※番号を上付きの[1]のようにするには、表示したい場所を右クリックで選択し、上のバーにある「ホーム」をクリックし、「フォント」にある「X^2」をクリックします。

④結果・考察

　③で書いた内容を結果としてまとめます。ここを読めば、みなさんのレポートで説明したかったことがわかるようになっているとよいでしょう。

⑤結論・結び

　④の結果を端的に記入し、それに対する自分の見解や意見を述べる場所です。たとえば、以下のようにまとめます（実際はもう少し自分の意見を書きます）。

　子どもの運動能力を回復させるためには、教育機関での積極的な運動時間の確保が重要であると考えられる。この問題を解決するためにも、効率的な運動の方法や子どもの自発的な外遊びを促す教材について、今後検討したい。

---

⑥引用参考文献

　引用した本や論文を掲載します。引用した順番に列挙するとよいでしょう。

引用参考文献（この一覧はレポートの一番最後に書く）
1）舩場大資『幼児期のアレコレ』アレコレ出版社、2020年。
2）舩場大資「幼児体育のアレコレ」『アレコレ運動研究会誌』第1巻第1号、アレコレ体育学会発行、2020年、1-11ページ。

図表1-4　レポートの構成

①表題

氏名　○○　凸凹

②はじめに（レポートに書くことで見やすくすることができる）
なぜこの題材を選んだのかを、説明する。

③内容（本文）（必要があれば見出しをつける）
題材について調査したことを説明する。

④結果・考察（レポートに書くことで見やすくすることができる）
あなたが調査して分かったことを説明する。

⑤結論・結び（レポートに書くことで見やすくすることができる）
あなたの意見や見解を説明する。また今後の課題など。

⑥引用参考文献

●ふりかえり問題

①　みなさんが興味のある保育の課題をあげて、タイトルを作ってください。
［例］
課題：子どもの転倒について
タイトル：「年長児の転倒数の増減に関する考察」

（5） お礼状の書き方

　スマートフォンの普及により、自ら文字を綴って手紙を送る機会が減少しています。みなさんも、そういった機会はこれまであまり経験することがなかったのではないでしょうか。しかし、大学生になると実習後には、相手方にお礼状をかならず書くようになります。もちろん、社会に出てからも書く機会は増えます。

　さて、私も学生時代そうでしたが、みなさんにとってお礼状とはどうも「書き方がわからないから嫌だ」と感じている人が多いようです。

　ここでは、ルールさえ覚えてしまえば実は簡単な、お礼状の書き方のポイントを押さえていきます。

実習のお礼状

　実習をさせていただいたら、一週間以内に実習のお礼状を送ることがお世話になった園への礼儀です。お礼状には、自分の言葉で、実習をさせてもらったことや指導してもらったことへの感謝の気持ちを綴りましょう。

●用意する物

・和封筒と縦書きの便箋：便箋セットが販売されています。便箋はいろいろなタイプもありますが、お礼状については縦書きの様式がよいでしょう。

・黒の万年筆や毛筆（筆ペン）：近年はボールペンでもマナー違反とはならない風潮が生まれてきています。万年筆は数百円から購入できます。

　準備する物はこれだけです。大学の売店や文具店、コンビニで買えます。

　次に、お礼状を構成するかたまりをみていきましょう（図表1-5）。

図表1-5　お礼状の構成（2〜3枚で書く）

前文	拝啓　季節のあいさつ（図表1-6参照）	定型文を書く
主文	お礼状の用件やお礼	実習の中身とお礼を書く
末文	結びのあいさつ　敬具	ある程度決まった文章を書く
後付け	日付　差出人　宛名	決まった文章を書く
追伸	お礼状では用いないことが多い	なし

お礼状は、いきなり実習への感謝を書くのではなく、最初に時候のあいさつを書きます。これは日本の文化であり礼儀です。決まった言葉がありますので、最初はそれを調べて書いてみるとよいでしょう。それでは、次の図表1-6で季節に応じたあいさつの定型文を見ていきましょう（図表1-6は。出所からの引用や筆者が学生時代に学んだ例文です）。

図表1-6　時候のあいさつ

月	前文のあいさつ例	末文のあいさつ例
1月	例年にない厳しい寒さが続いておりますが、	寒さが厳しいので、くれぐれご自愛下さい。
2月	立春を迎え、日ごとに春めいて参りましたが、	余寒なお去り難き折、風邪など召されませぬようご自愛ください。
3月	日増しに春らしくなって参りましたが、	早春の息吹を感じる昨今、どうぞお健やかにお過ごしください。
4月	桜の花のたよりが聞かれる頃になりました。	若草萌える好季節、皆様のますますのご健勝を心よりお祈り申し上げます。
5月	五月晴れの続く爽やかな季節となりましたが、	風薫る五月、どうぞお健やかにお過ごしください。
6月	紫陽花が雨に濡れて鮮やかな季節となりました。	爽やかな初夏のみぎり、皆様のますますのご健康とご多幸を心よりお祈り申し上げます。
7月	蝉の声に暑さを覚える今日この頃、	暑さ厳しき折、皆様のご健康を心よりお祈り申し上げます。
8月	立秋とはいえ、厳しい暑さが続いておりますが、	残暑凌ぎ難き候、皆様方のご無事息災を心よりお祈り申し上げます。
9月	朝夕めっきり凌ぎやすくなりましたが、	夏の疲れが出やすい時節、くれぐれも体調を崩されませぬようご自愛ください。
10月	さわやかな秋晴れの日が続いておりますが、	秋冷が加わります折、何卒お身体おいといください。
11月	早くも晩秋の季節となりましたが、	夜寒の折、皆様のご健康を心よりお祈り申し上げます。
12月	寒気が日増しに厳しくなって参りましたが、	ご多忙の折ではございますが、風邪など召されませぬようご自愛ください。

出所：田上貞一郎『保育者になるための国語表現』, 萌林書林, 2010, p.95
　　　長島和代編『これだけは知っておきたい　わかる・話せる・使える　保育のマナーと言葉』, わかば社, 2014, p.130

時候のあいさつは、たくさんあります。そのほかも自分で調べてみてください。

次に主文です。実習で実際に経験したことを書きましょう。ここが一番大切な箇所です。実習の思い出や自分の力になったことをしっかりと書き、相手への感

謝を伝えましょう。

末文は、図表1-7のようにある程度決まった文章を書き、相手への感謝を改めて伝える箇所です。時候のあいさつを添えてもよいでしょう。最後に、「敬具」と書きます。

後付けは、ほぼ定型です。図表1-7の例を見ながら当てはめれば完成です。気を付けたいことは、相手方の名前や園名に間違いがないように確認することです。

追伸は、お礼状では使わないことがほとんどです。

もし書き間違えたら、書き直しましょう。修正液や修正テープはお礼状では基本的に使用しません。

図表1-7　縦書きの便箋の書き方（実際は2〜3枚で書いてください）

拝啓
○　時候の挨拶（図表1－6を参照）、先生方にはお変わりなくお過ごしのことと存じます。

○　先日の教育実習では、お忙しいところご指導を頂きまして心から御礼申し上げます。

○　十日間という短い期間ではありましたが、実際の子どもたちとの関わりや、先生方の保育者としてのあり方から、大学の机上の勉学だけでは学ぶことのできない貴重な学びを得ることができました。

○　（実際の体験談）【主文】
あなたが実習で印象に残ったことや、ご指導頂いたことなどをどのように受け止め、学びにしたのか。今後の教訓や大学での今後の学びにつなげたい旨をまとめる。（5〜6行以上は書く）

○　まだまだ未熟ではありますが、今回の実習で学んだことを生かし、将来保育者となる夢を叶えられるように、精一杯学業に励んでまいります。（主文のまとめの文章を書く）

○　最後になりましたが、ご丁寧にご指導下さいました□△先生はじめ諸先生方にくれぐれもよろしくお伝え下さい。（図表1－6を参照しても良い）

　　　　　　　　　　　　　　　　　　　　　敬具

○月○日
　　　　　　　　　　　氏　名

凹凸幼稚園
園長　○○　○○先生

●ふりかえり問題

① 自分の誕生月と近くの友だちの誕生月の時候のあいさつを調べて、書き出してみよう。先生の許可があれば、検索サイトを利用してもよいです。

（6）保育でよく使う漢字一覧、敬語一覧

　ここでは、保育でよく使う漢字や敬語について取り上げます。実習では、実習日誌の記録を中心に漢字を書くことや、先生や子ども、保護者とお話をする場面があります。専門的な言葉もありますが、覚えてしまえば便利です。

　保育日誌で使用頻度の高い漢字は、間違えないように覚えましょう。

図表1-8　よく使う漢字

◎子どもの一日の生活に関わる漢字

一日の流れ	登園・降園・乗車・降車・観察・挨拶・散歩・歯磨き・お出迎え・お見送り
睡眠	午睡・睡眠・入眠・寝返り・仰向け・うつ伏せ（伏臥位）・布団・枕
トイレ	排泄・排便・下痢・軟便・便秘
衣	着帽・着替え・履く・帽子・制服・水着・靴・制服
食	弁当・水筒・箸・給食・離乳食・間食・好き嫌い（偏食）・配膳・食育・献立

◎子どもの活動に関わる漢字

造形	絵を描く・塗る・貼る・制作・頭足人・画用紙・粘土・折り紙・筆・模様
体育	跳ぶ・走る・投げる・転がる・蹴る・屈伸・縄跳び・準備体操・笛
言葉	喃語・一語文・二語文・英語・聖句・聖書・お祈り・素話・紙芝居
音楽	歌う・演奏する・弾き歌い・伴奏・踊る・手拍子・讃美歌・鍵盤

◎園の設備に関わる漢字

室内	園舎・保育室・遊戯室・給食室・職員室・会議室・手洗い場・廊下・窓・玄関・椅子・机・棚・時計・玩具・図書館・絵本・畳・雑巾・箒
戸外	園庭（庭園）・倉庫・（大型・小型）遊具・鉄棒・一輪車・砂場・花壇・飼育小屋・蛇口・橋・水路・芝生・駐車場・駐輪場・道路

◎保育者の行動に関わる漢字

衛生・体調管理	視診・検温・換気・消毒・冷暖房・掃除・拭く・掃く・片付ける・拾う
報告・伝達	報告・連絡（帳）・相談・伝達・周知・伝言・配布・留守番電話
援助・教育	受けとめる・援助・補助・配慮・支援・声掛け・共感・見通し

◎その他の頻度の高い漢字

職員構成	理事長・園長・主幹・主任・事務員・栄養士・保育士・教諭・調理師・運転手
病気・けが	熱中症・日射病・麻疹・風疹・飛沫感染・裂傷・打撲・骨折・転倒
行事	入園式・卒園式・運動会・遠足・お遊戯会・演奏会・交流会・宿泊
保育・指導案	異年齢保育・一斉保育・設定保育・自由保育・指導案・月案・日案
自然遊び・季節など	染め物・栽培・収穫・採取・観察・花見・七夕・短冊・飾る・泥団子
その他	守秘義務・防災訓練・避難訓練・危機管理・安全・帳面・手帳・終業

図表1-9　間違いやすい読み書き（日誌や実習での発言で多い間違い）

・あり得る（ありうる）・潔く（**いさぎよく**）・依存心（いそんしん）
・会釈（えしゃく）・お姉さん（おねえさん）・出生率（しゅっしょうりつ）
・月極（つきぎめ）・雰囲気（**ふんいき**）・出納（**すいとう**）
・裏（衣ではありません）・座（土が長い）・一緒（×諸）・多数（×他）
・帳面（×張）・配膳（×善）・粘土（×粘度）・芋掘り（×堀）・幸せ（×辛）

図表1-10　保育でよく使う敬語一覧

●尊敬語：園長先生や目上の方の動作・状態・物・ことを高める言葉
●謙譲語：自分がへりくだることで、相手を敬う表現方法

動詞	尊敬語	謙譲語
会う	お会いになる	お目にかかる
行く	行かれる	うかがう
来る	お見えになる、いらっしゃる	参る、うかがう
帰る	お帰りになる	おいとまする
話す・言う	おっしゃる	申し上げる
見る	ご覧になる	拝見する
書く	書かれる	書かせていただく
読む	読まれる	拝読する
知っている	ご存じになる	存じる
買う	お求めになる	買わせていただく
座る	お掛けになる	座らせていただく
思う	お思いになる・おぼし召す	存じる、拝察する

名詞	尊敬語	謙譲語
園	貴園	（大学）弊校
家	御宅（おんたく）	拙宅
会社	貴社	弊社

出所：長島和代編『これだけは知っておきたい　わかる・話せる・使える　保育のマナーと言葉』，わかば社，2014，pp62-63

●ふりかえり問題

① 出生率（　　　　　）しえん（　　　　　　）はいせつ（　　　　　）

② 園→（尊敬語　　　　　）見る→（謙譲語　　　　　）

MEMO

（7）ふりかえり

「1.2　読む・書く」では、文章の読み書きや情報収集を中心にまとめてきました。私たちは日々日本語にふれてはいますが、やはり正確な文章やレポートを書くこと、教科書レベルの文章を正確に読むためには、トレーニングが必要になってきます。とはいっても、特殊なことをするのではなく、日々の授業や課題を通じてていねいに読み書きし、自分なりに考えることが上達の近道です。

教科書の読み

p.42の「（1）教科書の読み方1（論理的に読む）」では、まずは道筋を立てて、ていねいに読むことを伝えました。文章を省略して読むとやはり内容の読解はむずかしくなります。また、自分勝手にここを読んでおけば大丈夫という考えも危険です。「教科書にむだなし」と思いながら、なるべくていねいに読みましょう。そして、先生が「ここはかならず読むように」と指示があった箇所は、2回は読み直してみてください。

次に「批判的に読む」では、クリティカルリーディングの概念をお伝えしました。『ごんぎつね』で説明した箇所です。批判的に読むとは、あくまで文章の解釈の手法の一つであり、みなさんが今後研究課題やレポートを書く手助けをしてくれます。なぜなら、クリティカルリーディングを通じて文章を考察できれば、そこから新たな課題を見つけることができるからです。

情報の集め方

この項では、主に図書館検索の方法についてまとめました。ぜひとも図書館検索をしっかり活用してください。

次に、情報の集め方についてです。いまや検索エンジン（Google検索など）は、身近な存在であり、スマホで簡単に世界中の情報にアクセスすることができます。これからの時代は、ICT（情報通信技術）を利用した情報収集は重要なスキルです。

ただし、これまで述べてきたように、ネットの世界では正しい情報を選択するようにしてください。たとえば、素人の人が保育士のふりをして子どもの遊びをサイトに掲載していたとしましょう。みなさんがそれを参考にして設定保育をし

たときに、子どものケガに対する配慮や防止策が何も考えられていないので、ケガにつながる可能性も十分にあり得るのです。

　ネット上からは、その情報を書いた人がどんな属性かわかりません。ネットを安易に利用するのではなく、信頼できるサイトや公的な情報をよく精査して参考にするようにしてください。

レポートの書き方

　レポートを書くうえでまず大切なことは、様式を合わせることです。そして、レポートの構成を参考にしながら、内容を当てはめていくとレポートの体裁をとることができます。

　中身については、誰だって最初から良い内容を書くことはできません。実際に、何度もレポートを書きながら手に入れるスキルなのです。あなたがピアノの練習をとても頑張ってやっと一曲弾けるようになるのと一緒です。

　もちろん、手を抜いてしまうと意味がありません。レポートの課題に対して、自分でしっかりと関連事項を調べて書きましょう。ファーストステップとして検索サイトを利用して、厚生労働省や文部科学省のデータなどを参考にしてみてください。

お礼状の書き方

　お礼状の書き方は、p.60の図表1-7を参照にして書いてもらえればほぼ問題はないでしょう。検索サイトや図書を通じて時候のあいさつを調べてもよいでしょう。一番大切なことは、なるべく早急にお礼状を書くということと、実体験で得たことや学びについて、しっかり自分の言葉でお礼を伝えるという点です。

保育でよく使う漢字一覧・敬語一覧

　漢字も敬語も本書の一覧だけでは当然足りません。しかし、本書では実習手帳でよく見かける漢字や、間違っている漢字を可能な限り掲載しました。ぜひ参考にしてください。読みは話すときに気をつけてください。

　敬語については、普段から使うことが一番です。実践相手には大学の先生がいます。あなたは、普段から先生にきちんと敬語でお話しできていますか？　ぜひ、日々の生活で先生に敬語（もしくはていねい語で）でお話ししましょう。

1.3 聞く・話す

　私たちは朝起きてから寝るまで、家族と、友人と、先生と、バイト先の人と、たくさんのお話をしています。友人が話を始めれば、あなたは話を聞かなくてはいけないという気持ちに自然となり、友人の話に耳を傾け、会話を続けようと努力するでしょう。しかしながら、友人からの話を聞きながら、ふと別なことを考えてしまったり、自分自身は友人の話をじっくり聞こうと思っていたのに、友人が話を途中でやめてしまったりしたことはありませんか。実は、「話を聞く」ということはとてもむずかしく、高い技術を要するものなのです。

　また、大学生活では、プレゼンテーションやディスカッションなどの双方向の活動がたくさんあります。自分は何も話さず、ずっと相手の話を聞くだけでは、より深い相互理解はできません。相手の話を聞いたうえで、質問をしたり、自分の意見を言ったりする必要があります。他者を尊重しながら、「質問する」「自分の意見を伝える」ことも高い技術を要します。本節では、「話を聞く」際と「話をする」際に必要な技術について説明します。

 ## （1）　話の聞き方

　相談業務やカウンセリングといった他者と話をする専門職として、公認心理師や臨床心理士などのカウンセラーがいます。ここでは、児童虐待や不登校などむずかしい相談を受けるカウンセラーの「話を聞く」技術を紹介しながら、保育者として必要な「話を聞く」技術について説明します。

> ### 「話を聞く」際の態度・心構え

　「話を聞く」際には、話を聞く側の態度や心構えがとても重要です。態度や心構えは言葉にしないものの、相手に伝わり、その会話全体の雰囲気や質に影響を

与えます。それでは、「話を聞く」際の適切な態度や心構えとはどのようなもの
なのか、アメリカの心理学者で来談者中心療法を創始したカール・ロジャーズ
（1902-1987）の説明を紹介します。ロジャーズは、カウンセリングの際には聞く
側の態度がもっとも重要で、聞く側の大切な態度には5つあると説明しています。

①クライエント＊の人格的な自律に対する尊敬
②適応へと向かう人間の能力の信頼
③全体としての人間への尊敬
④クライエントの相違についての認知と受容
⑤クライエントが自分というものを理解して受容するのを、援助しようと
　する欲望
　※クライエントとは相談者のこと

出所：カール・R・ロジャーズ『カウンセリングの立場』，岩崎学術出版社，pp.23-27

　①から⑤の態度をもっとわかりやすく説明すると、「目の前にいる人は私とは
別個の人間であり、自分のことは自分で決めることができる。目の前にいる人は
より良い人生を、より良い生活を送りたいと思っていて、それを実現できる能力
をもっている。別個の人間なのだから、私と違う意見や考えや信念をもっている
ことはとても当然なことである。私は目の前にいる人を理解したいし、その人が
その人自身を理解することを手伝いたい」ということです。
　何よりもまず、目の前で話をしている人を理解したいと思う気持ちが大切だと
いうことです。その気持ちは聞く側の集中力を高め、話す側が話しやすい雰囲気
を作ります。一生懸命に相手の話を聞くことを「傾聴」といいます。

「話を聞く」際の視線・身振り・姿勢・表情・声

　目の前にいる人が話しやすくなる雰囲気を作るには、聞く側の技術が必要です。
まずは、話している人としっかり視線を合わせましょう。視線を合わせるという
ことは、「あなたの話を私はしっかり聞いて、あなたと向き合いたい」という気
持ちを相手に伝えます。視線があちこちに飛ぶと、それは会話や議論に集中して
いない現れです。「私の話を聞きたくないのだろう」「議論に参加したくないのだ
ろう」と話している人は解釈して、自分から積極的に話すことをやめてしまいま

す。自分の視線がいまどこにあるのかをつねに意識することが大切です。

　ただ、どうしても相手から視線を外さざるを得ないときがあります。それは、時間を知りたいときです。「どれくらい話したのだろうか」「いま何時なのだろうか」という思いから、時計を見ることがあるかもしれませんが、時計を見るということは「早く話を終わらせたい」というメッセージを相手に与えます。腕時計を見る際には、相手に気づかれないようにさりげなく、そして素早く時間を確認しましょう。最近はスマートフォンを時計代わりにしている人がいますが、スマートフォンは取り出したり、確認したりするには画面が大きすぎるので、相手に気づかれないように、さりげなく時間を確認することは非常に困難です。腕時計の使用をお勧めします。

　次に大切な技術は、姿勢や身振り手振り、表情に気をつけることです。集中して話を聞いているからといって、直立不動で話を聞くことは堅苦しい印象を与え、話す人からすると話しにくいものです。

　また、上体がのけぞるような姿勢だと顎が上がるので、横柄な印象を与えてしまいます。話を聞く際の適切な姿勢は、顎を少し引き、上体を話す人の方向に少し傾けます。視線を合わせ、適度に「うん」「うん」とうなずくことで、話す人は「私の話にしっかり耳を傾け、理解してくれようとしている」と思います。聞き上手な人の身振り手振りを観察することもお勧めです。

　加えて、顔の表情にも意識を向けましょう。初対面の人であれば、お互いの緊張を解くためにも笑顔が大切です。優しい笑顔で話を聞きはじめますが、話す人の内容に合わせて、顔の表情も変えていきます。楽しい内容なら笑顔で、深刻な内容なら聞く側も真剣な険しい表情で聞きます。ただ、自分は真剣に聞いているつもりでも、時として違うメッセージを相手が受けとることがあります。とくに、マスクを着用している時は表情が相手に伝わりにくいものです。まずは、鏡の前で普段自分が話を聞く時の姿勢や表情を確認してみることが大事です。

　次に、自分の声にも意識を向けることが大切です。話をしている場所や内容をよく考えて話しましょう。いま話をしていることが他の人に聞こえてもよい内容かどうか、相手が不快に思わない程度の声の調子なのかを場所や話す人の反応を見ながら調整します。深刻な内容なのに、元気よく相槌をしたり、話すスピードが速かったりすると、いい加減な態度で話を聞いている印象や早く話を終わらせたいという印象を相手に与えます。さまざまなシーンに合わせた声の調子やスピードを使えるようになりましょう。

「話を聞く」際の技術：要点をまとめる

　保育者は、園や地域の保護者からの相談を受ける立場になります。離乳食やトイレット・トレーニングなどの育児方法に関する相談であれば短時間で終わることが多いですが、子どもの発達や育児困難感などの深刻な相談が始まると1時間くらいはあっという間に過ぎて、長ければ2時間近くになることもあります。「とにかくつらくて誰かに話したい」という思いで保育者に助けを求める保護者も少なくありません。そのような内容のときには、問題となっていることを明確にし、会話の内容がその問題から外れることがないようにしっかり話を聞くことが大切です。そのために必要な技術は、要点をまとめることです。

　話す内容の要点をまとめるためには、「話したいことは何だろうか」「理由（原因）は何だろうか」という視点で聞くことが大切です。会話のなかに繰り返し出てくる単語（名前、役割、場所、時間など）や感情の変化（表情が険しい・悲しい、声を荒げる、涙が出る、言葉につまる、など）が見られる内容は重要なポイントです。話されている内容を簡潔にまとめて相手に伝えます。

　たとえば、「あなたのお話を私なりに理解すると、〜は……ということでしょうか」「あなたは、〜について……と思っているのでしょうか」と伝えます。要点を伝えることで、話す側は自分が話している内容を再確認できますし、自分の話をしっかり聞いてもらっているという実感を得ることができます。それが、会話の満足感や聞く側への信頼を高め、さらなる語りをうながします。また、要点をまとめて伝えることは、聞く側が話す内容を誤って解釈していないかどうかの確認にもなります。要点を伝えたものの、「そういうことではないです」などと相手から返された場合、「それでは、そのことについてもう少し話していただけませんか」とより具体的に話をしてもらいます。そうすると、会話が活発になります。

　要約してまとめる技術を高めるためには、家族や友人など身近な人から相談を受けた際に、単に自分の意見や「そうだね」と同意を述べるだけではなく、「〜について……と思っているのだね」「〜は……ということなのだね」などと要約してみるとよいでしょう。また、本や文章などを読んだ際に、「筆者の主張は〜だろう」と考えながら読むこともお勧めです。

「話を聞く」際の技術：効果的な質問をする

　「話を聞く」ということは、動画を観るようにじっと聞くのではありません。

「話す側」と「聞く側」が相互に影響し合いながら、話を展開させ、課題解決や自己理解・他者理解を進める人間的な深い営みです。話す側の語りをうながし、話の展開を発展させる技術として、効果的な質問があります。何をもって「効果的」なのかむずかしいところですが、その質問をしたことによって、話す側がより話しやすくなったり、話す側がいままで気づいていなかったことに気づいたり、話す側が新たな視点を得ることができたりした場合には非常に効果的であったといえるでしょう。逆に、効果的ではない質問は、話す側が話しにくくなったり、話すのをやめたり、話す側に質問の意図がわからなかったりする場合です。

効果的な質問をするためには、先ほど述べたように、相手を理解したいという気持ちでしっかりと傾聴し、相手の立場になって状況を想像することが重要です。そのような気持ちや姿勢で聞いていると、物事の前後の流れがわかりにくかったり、「～のときに○○さんはどういう気持ちだったのだろうか」などいった疑問が生まれたりします。それから、思い浮かんだ疑問を相手にわかりやすく質問します。

質問には、「開かれた質問」と「閉じられた質問」があります。「開かれた質問」とは、「△△さんとはどういったご関係ですか」「……はどういったことか教えてくれませんか」「どうして～だと思われますか」など、さまざまな答えや反応を聞く質問です。

一方、「閉じられた質問」は、「△△さんとは仲が良いのですか」「あなたが、～した理由は……ですか」など、「はい／いいえ」で答えられる質問のことです。「開かれた質問」の場合、話す側は自由に話すことができ、新たな情報を共有することができます。しかし、自由な語りが可能な分、話が散漫になったり、話す内容が問題からずれてしまったりするというデメリットがあります。「閉じられた質問」は知りたい情報だけを得るためには非常に有効な質問です。しかし、「閉じられた質問」が多いと、詰問されているような雰囲気になり、話す側が話しにくくなるというデメリットがあります。「開かれた質問」と「閉じられた質問」を適度に織り交ぜながら質問することが大切です。

●ふりかえり問題

① 前後左右のいずれかの人とペアになりましょう。一人（話者）は「休日の理想的な過ごし方」というテーマで話します。片方の人（質問者）は、「開かれた質問」と「閉じられた質問」を使用しながら会話をふくらませてみましょう。

② ①で話された内容を質問者は要約して、話者にフィードバックしましょう。

MEMO

（2） メモの取り方

　保育者は、保護者からのさまざまな要望や相談を受ける立場になります。また、研修や事例検討会などさまざまな場所で多くのことを学び続ける職業です。そのような場面で、たくさんの情報を一度に記憶することはなかなかできることではありません。大事な情報を取りこぼさないために、メモを取ることが必要です。

　日常生活で必要な情報はスマートフォンのメモ機能や画像の保存機能、あるいはボイスレコーダー機能を活用されるとよいでしょうが、授業や実習先ではスマートフォンの使用が認められない場合が多々あります。

　ここでは、スマートフォンが使用できない場面でのメモの取り方を説明します。

実習や就職先でのメモの取り方

　実習先や就職先で先生方から説明や指導を受けた際にすぐにメモを取ることができるように、エプロンや実習着のポケットに入る大きさのメモ帳を用意しておきましょう。実習先でのオリエンテーションのように、園の先生に確認しなくてはならない項目があらかじめわかっている場合には、先に「訪問日時」「場所」を書いておき、「園児数」「保育理念」「職員数」などの質問項目を事前に書いておくと質問し忘れるリスクを減らします。また、メモを取る時間的余裕も生まれます。

　守秘義務の観点から、場所については園名がわからないようにしましょう。先生方の説明や指導を受ける場合には、一言一句書き留めるような気持ちで説明や指導をしっかりと聞き取りながら、要点をメモ帳に書きます。「一言一句書き留めるような気持ち」でメモを取ると、園の先生方から「意欲的に実習にのぞもうとしている」という好印象をもってもらえます。逆に、熱心にメモを取らないと園の先生方が「本当に実習でうまくできるのだろうか。大丈夫だろうか」と実習そのものへの不安をもってしまうことがあります。お忙しいなか時間を割いて説明して下さっているという感謝の気持ちでメモを取りましょう。

　メモを取る際には、あとで見直したときに、何についてメモをしたのかがわかるように、大きな項目と小さな項目に分けてメモを取ると、あとで見返した際にわかりやすいでしょう。また、平仮名やカタカナ、略字を使用して素早く書き留めるとよいでしょう。可能であれば、どの先生からの伝達なのか、いつ言われたのかについても書き記しておくと、あとで見返したり、再度質問したりする際に

役立ちます。

（例）○朝の登園

　・スモックはハンガー
　・バッグは下のたな右　水とうは左
　・れんらくちょうはTの机　きいろいカゴ
　※Tは先生の略字

　一般的に、メモを取る際には多色ボールペンなどで色分けをすると効果的ですが、実習先でカチカチと色を変えるのは園の先生方からあまり好ましく思われない可能性があります。また、子どもは実習生の持ち物に興味津々ですから、多色ボールペンの使用は活動に対する子どもの意欲を失わせる可能性もあります。黒色のボールペンを使用し、大事なところは下線を引いたり、丸をしたり、字を大きくしたりして強調しましょう。

　また、園庭やクラス内で子どもの様子などをメモに書き留める場合には、背後や周囲に子どもがいないかどうかをよく確認しましょう。子どもがメモ帳をのぞき込んで見たり、ボールペンを取ったりすることがあるからです。

　活動中や子どもが周囲にいるときには、メモを取ることに熱中しすぎると子どものけがやトラブルを見逃すことになりかねません。大事なことはしっかりと記憶し、休憩時間などにメモに書き留めましょう。

　実習に関することを書いたメモ帳やそれらを書き写した実習日誌には、園に関する重要な情報が書かれています。紛失することがないように、しっかり管理・保管をしましょう。

ディスカッションや相談中におけるメモの取り方

　大学の講義でのディスカッションや相談業務でメモを取る際には、実習で使用するような小さなメモ帳ではなく、見開き型の大きめのノートやクリップボードを使用するとよいでしょう。なぜなら、ディスカッションや相談業務中は、単に必要な情報を書き留めるだけではないからです。他者の意見や立場、相談者からの重要な情報を書いたうえで、自分なりの考えや疑問点、またディスカッションや相談の流れが一目でわかるようにメモを取ります。したがって、使用するメモ紙は、図やフローチャートなどが書きやすい白紙や方眼紙がお勧めです。

　次に、ディスカッションなど集団による会話でのメモの取り方について説明し

ます。一般的にディスカッションでは協議する内容があらかじめ決まっています。自分の発表内容や討論全体の流れがテーマから外れないように、何について討論するのかをまず書いておくといいでしょう。その際、討論開始時の自分の意見を書いておきます。それから、討論が白熱すると時間も忘れがちなので、討論する時間も書いておきます。また、集団討論の場合、誰が何を言ったのかをすべて記憶することは非常に困難です。座席と名前を簡単に書いて、その人の主張のポイントを書き留めるとよいでしょう。講義などで多色ボールペンの使用が可能な場合は、自分の意見や疑問、あるいは意見の相違などは、色を変えて書き留めることも有効です。現状や問題、討論の流れをフローチャートにして、最終的な結論が導かれるようにメモを活用します。

　次に、相談されたときのメモの取り方について説明します。相談業務では、複雑な家族関係や時間的な状況の変化など取り扱う情報が多岐におよびます。それらを取りこぼすことがないようにメモを取るようにします。問題を解決するために重要な情報や、援助する際に有効だと思われることや人などをメモしておくと、のちに援助計画を立てたり、見直したりするときに役立ったり、今後の援助のヒントになります。

　ただ、相談のなかで話されることは話す側にとって非常に個人的で、他の人には知られたくない内容を多く含みます。それらをメモされることに抵抗を感じる人も少なくありません。「メモばかりしていて話を聞いてくれない」「何をメモしているのか気になる」と話す側から言われた場合には、メモを取らないようにして、可能な限り記憶して、あとで記録する際に記入するか、「～についてはメモを取っていいですか」と断ったうえでメモを取るとよいでしょう。相談業務中のメモは個人情報が記載されていますので、紛失することがないように管理し、記録簿に記入したあとは速やかに処分しましょう。

　これまで、実習先でのメモの取り方、ディスカッションでのメモの取り方、相談業務でのメモの取り方について説明しました。どの場面でも大切なことは、あとで見直した際に何が書かれているのかわかるように、できるだけきれいな字で書くことです。一生懸命に書いたのに、何を書いたのか読み取れないとなるとせっかくの努力が台なしになります。メモを上手に取る練習として、お勧めの時間は授業です。授業中に、先生がこれまでの経験や研究から得た知識や見解、あるいは試験に関する大事なお話をされることが多々あります。そういった重要な情報を聞き逃さないように、レジュメ（配布物）の余白にしっかり書き留めると、メモを取る意識や技術が向上するでしょう。

●ふりかえり問題

① 前後左右の３〜４人でグループになりましょう。そのうち２人は、犬派と猫派にわかれて５分ほど犬と猫、それぞれの魅力や欠点について話し合います。残りの人はメモを用意し、両者の主張を書き留めます。

② メモを全員で見て、見やすいかどうか、大事な情報は抜け落ちていないかどうかを確認します。時間があれば、役割を交替して春派か秋派で討論します。

MEMO

（3）わかりやすい話をする方法

　大学では知識を単に得るのではなく、得た知識を活用しながら自分の意見を述べたり、新しいアイデアを生み出したりすることが求められます。したがって、高校と比較すると、大学ではグループ活動、プレゼンテーション、およびディスカッションの活動が非常に多くなります。そのような場面で自分の意見やアイデアをわかりやすく伝えられるようになることが大切です。ここでは、プレゼンテーションの場面で、わかりやすい話をする方法について説明します。

結論から述べる

　日本語の文章では、述語が文章の最後にくることから、肯定文なのか否定文なのか文章を最後まで聞かない（読まない）とわからない構造になっています。また、よく見られる話し方は、理由や背景を長々と説明したあとで、ようやく最後に主張や論点を述べるやり方です。聞く側は、話す側の主張を理解するまでにかなりの集中力と時間を要します。また、日本文化では、自分の意見をあまり主張しないことや他者と対立しないことが求められがちです。そのため、日本人は自分の意見を表明することをためらったり、あいまいに表現したりする傾向があります。

　しかし、そのような話し方では、自分の主張や論点が他の参加者にほとんど伝わりませんから、せっかくの意見発表の場が意味のないものになってしまいます。他者に自分の意見や見解を理解してもらうために、最初に結論を述べましょう。たとえば、「～について、私は……であると思います。なぜなら、……」というように、結論を述べたあとで、その理由や背景を述べます。

　また、理由や背景についても、「私がそのように考える理由は３つあります。まず、……。次に、……。最後に、……。」というように、他者が聞きながら理解しやすいように、話す内容を整理して述べるとよいでしょう。加えて、聞く側が理解しやすいように、短い文章で話すよう心がけましょう。短い文章を、「したがって」「なぜなら」「それから」「加えて」「さらに」「一方」「しかし」といった接続詞を用いてつなぐことで、わかりやすい話し方になります。

声のトーンや姿勢

　自分の主張や意見を他者にわかりやすい内容で話したとしても、声が小さかったり、ぼそぼそとした不明瞭な発音だったりすると、聞いている人は聞き取りにくく、理解するのに時間がかかります。また、自信がない印象を与えてしまい、説得力に欠ける発表となってしまいます。すばらしい意見やアイデアであっても相手にきちんと伝わらなかったら、それは発表しないものと同様の結果になってしまいます。自分の意見やアイデアなどを発表する際には、大きな声でゆっくりと話すことが大切です。

　加えて、聞きながら他者の意見を理解するには少し時間が必要ですから、発表する際には、一つの文章を話し終えたらひと呼吸おいてから次の文章を話しましょう。ひと呼吸おいたところで、自分の声がきちんと聞こえているかどうかや、自分の発表内容を理解してもらっているかどうかといった、他者の反応を確かめるとよいでしょう。

　聞く側の表情がやわらかく、「うん」「うん」と頷いているようであれば、しっかりと相手に理解されているといえます。一方、聞く側がしかめ面だったり、考え込んでいたり、首をかしげていたりする場合、声が聞こえていない、主張が理解できない、あるいは受け入れられていないことが考えられます。声が聞こえていない場合は、もう少し大きな声でゆっくり話します。自分の発表内容が理解されていない場合であれば、補足の説明を加えたり、言い換えたり、たとえを使ってわかりやすく説明したりするとよいでしょう。

　他者に聞き取りやすい声や発声をするためには、姿勢がとても大事です。自分が話をする際、恥ずかしさや不安、緊張から下を向きがちになったり、発表原稿やメモばかり見てしまいがちです。しかしながら、そのような姿勢だと声が小さくなり、自信のない印象を与えます。

　また、聞く側の表情や反応が見えませんから、自分の意見やアイデアがどのように理解されたのか、受け入れられたのかわからず、発表に対する自己評価が低くなってしまいます。そうなると、ますますプレゼンテーションなどの発表に対する苦手意識が強くなってしまいます。発表をする際には、声がしっかりと通るように姿勢をまっすぐにし、少し顎を引きます。必要に応じて身振り手振りも加えながら、自分の意見やアイデアを理解してもらえるように熱意を込めて話すとよいでしょう。ゆっくりと大きな声で堂々と発表できたというだけでも、大きな自信につながり、次の発表がさらに良いものになります。

●ふりかえり問題

① 信頼される保育者とその理由について考えてみましょう。「信頼される保育者は〜のような人だと思います。なぜなら、……だからです。」という文章にしてみましょう。

② 前後左右のいずれかの人とペアになってお互いに話してみましょう。

MEMO

（4） ディスカッションの方法

　日本文化では古来より、自分の意見や立場はあまり主張せず、まわりの状況をくみ取り、それに合わせることが大切にされてきたので、ディスカッションすることに対して苦手意識をもっている人が多いようです。しかし、大学では、さまざまな意見やアイデアを出し合い、課題解決や相互理解ができる能力を向上させるためにディスカッションやグループワークが多く予定されています。ここでは、円滑なディスカッションをする方法を3つ説明します。

心構え

　学生の中には、少しでも自分の意見に反論されたり、批判されたりすると自分自身がすべて否定されたように感じ、それ以後ディスカッションで発言しなくなる人がいます。あるいは、自分の意見が正しいと強く思うあまり、他の参加者の意見を真っ向から批判したり、自分の意見を押しつけたりする人もいます。それでは、せっかくのディスカッションがぎすぎすした雰囲気になったり、沈黙だらけの無味乾燥な時間になったりします。

　ディスカッションを意義あるものにするには、まず「すべての人はそれぞれの意見をもっているから、意見が違ってあたり前である。自分と違う意見があるからこそ、ディスカッションはおもしろい」という意識でのぞみましょう。参加者全員がそのような心構えでディスカッションをすると、ディスカッション全体が安心感に包まれ、意見が述べやすくなり、反論は批判ではなく、あくまで意見の相違でしかないわけです。

他者を尊重した意見発表

　ディスカッションは、参加者全員がより良い結論や課題解決に向かうことを目的とします。つまり、それぞれ違う意見や立場だったとしても、共通の目標に向かっているわけです。したがって、「どのような意見やアイデアをもっているのだろうか」と他の参加者の発表をしっかり聞くことが非常に大切になります。他の参加者の意見を聞くポイントは、①主な論点や主張は何か、②自分の意見と同じ／違うか、③同じ／違う所はどこか、この3つのポイントを意識しながら聞きます。

このようなポイントに注意して聞くと、「〜について○○さんは……と考えているけれど、何だかしっくりしないな。〜ということではないかな」などと自分の意見がより明確になることがあります。他者の意見をしっかり理解することは、自分の意見を理解することにもつながるわけです。

　自分の意見を発表する順番が来たら、ほかの参加者の意見や発表を要約し取り上げながら、自分の主張の理由を説明していきます。「〜について、○○さんは……とのお考えですが、私も○○さんの……の意見には賛成です（私は○○さんの……に対する考えとは異なる意見をもっています）。なぜなら、〜だと思うからです。」という言い方をすると、ディスカッションの流れを乱さず、自分の意見が聞く側にわかりやすくなります。また、自分の発表が終わったら、「私の意見について、ご意見やご提案などがある方はいらっしゃいませんか」と、他の参加者の発言をうながすと、ディスカッションがさらに活発になります。

　ほかの参加者が話している内容がわかりにくかった場合には、「言っていることがわかりません」ではなく、「〜について、○○さんが……のように考えていることはわかったのですが、……について少しわかりにくかったので、もう一度（くわしく）説明してもらえませんか」と、発表者にとってもどこを詳しく説明し直せばよいのかわかるように質問しましょう。「あなたの意見はおかしい」とか「〜についてわかっていない」といった、他者を批判するような発言はやめましょう。

ファシリテーター

　有意義なディスカッションとは、時間内により良い結論に至るものを指します。そのために、ディスカッションの進行を進めるファシリテーターが必要です。

　ファシリテーターの主な役割は、①話しやすい雰囲気を作る、②指名したりうながしたりして参加者全員が発表できるようにする、③参加者の意見をまとめる、④時間内に結論を導く、です。一見むずかしいように思われるでしょうが、これまで説明したように、メモを活用しながら、他者の話を一生懸命に聞き、他者の意見の要点をまとめ、相手を尊重する話し方をすることを心がけるとよいでしょう。

●ふりかえり問題

① 前後左右で3〜4人のグループを作りましょう。ファシリテーターを一人決めます。「住んでみたい外国について」というテーマで5分間話し合いをしましょう。ファシリテーターは、時間内に全員が発言できるようにしましょう。

② ディスカッションの際に、意見が話しやすかった場面や質問について振り返ってみましょう。

MEMO

（5）ふりかえり

　本節では、「話を聞く」際の技術と「話をする」際の技術について説明してきました。とはいえ、「話を聞く」ことと「話をする」ことは密接な関係で、「話を聞く」「話をする」を交互に繰り返しながら、日常会話、相談、ディスカッションは進んでいきます。いま、自分がどちらの立場にいるのかあいまいな場合もよくあります。どちらの立場であったとしても、①相手と私は違う人間である、②違う人間だから意見が違っていてあたり前である、③私たちはより良い方向に向かいたいと思っている、④私たちはお互いに理解し合いたい、という4つの態度や意識が大切です。

　相手の話をじっくり聞き、相手の意見を尊重するからこそ、自分の話もしっかり聞いてもらえて意見も受け入れてもらえます。つまり、「話を聞く」ことと、「話をする」ことは自転車の両輪のように展開していきます。この両輪の回転が安定すると、いままで経験したことのないようなすばらしい景色（理解）に到達することができるのです。

　しかしながら、そのように会話やディスカッションがうまくいくようになるには、日々の鍛錬が不可欠です。話しやすい雰囲気や姿勢、効果的な質問、有効なメモの取り方などは、日々の日常生活で意識して練習すると格段に上達します。鏡の前で練習したり、友だちや家族の話を要約してみたり、授業中に先生に質問をしたり、先生の話をメモしたり。このような日常生活でのちょっとした練習を積んでいくと、相談業務やディスカッションといった多くの情報や意見を取り扱う活動のなかで、要約したり、効果的な質問ができたり、メモを取ったり、自分の意見をわかりやすく伝えたりすることができるようになるわけです。

　したがって、大学に入学したばかりのいま現在、上手に他の人と会話できないとか、ディスカッションは苦手だと言って嘆く必要はありません。大学に入学し、新しい人間関係を作ることができるいまこそ、多くの人と関わり、さまざまな意見を聞き、自分の意見や考えを伝える努力をしましょう。

　ディスカッションやグループワークで、しっかり相手の話を聞きながら自分の話をすることができなかったとしても心配ありません。そのような活動は、大学生活や社会生活のなかにはたくさん準備されていますから、一度だけの失敗に落ち込まずに、次の活動で自分の意見が堂々と言えるように、また相手の考えを尊重し、自分の発表の展開に組み込めるようにチャレンジし続けてください。そのような努力を積み重ねていくと、きっと聞き上手で話し上手な頼れる保育者にな

るはずです。

●ふりかえり問題

① 「話を聞く」のと「話をする」のでは、どちらが得意・不得意ですか。その理由を考えてみましょう。

② 「話し上手・聞き上手」になるために、自分が取り組めそうなことや努力しなくてはいけないことを書き出してみましょう。

MEMO

1.4 保育者としてのマナー

　ここでは、マナーの中でも、保育者をめざすにあたり、とくに取り上げておきたい基本的な身だしなみやあいさつに注目します。また、保育者養成校の学生として、授業を受ける際のマナーについても、具体的に示したいと思います。

（1）授業の受け方

　保育者になるには、さまざまな力を身につける必要があります。学びはじめたみなさんは、夢への期待と同時に、本当にできるかという不安もあるのではないでしょうか。でも大丈夫。養成校での学びをしっかり自分のものとしていけば、必要以上に不安がることはありません。憧れとなる保育現場の先生方も、最初は皆、ゼロからのスタートだったのです。

　しかし、どんなに専門的で内容の濃い授業を受けたとしても、授業に対して自分がどのような姿勢や態度でのぞむかによって、学びの修得度は大きく違ってきます。そして、授業に対する姿勢や態度は、心構え次第で最初から誰でも変えることができます。

> ### 意欲的・主体的な態度と受講マナー

　授業に際しては、主体的で意欲的な姿勢が求められ、多くの学生がそのような態度で学びに向かっています。授業の雰囲気というのは、教員だけ、学生だけが作るものではなく、そこにいる全員によって生み出されます。どちらもが作用しながら、双方向で展開していくものです。教員は、「学生が意欲的・主体的態度で受けたい授業」を行うために、授業の質を上げる努力を続ける必要があります。それに対して、学生のみなさんは「授業から多くの学びを得たい」という気持ちを態度で示すことで、自ずと意欲的で主体的な雰囲気ができて授業は活性化しま

す。しかし、こういった心構えで授業にのぞめていない場合、授業の雰囲気がどんよりと沈んだ重苦しいものになることもあります。そうなると、当然楽しくありませんから、学びも意欲的なものになっていきません。

　では、授業の雰囲気を意欲的でより良いものとするためには、どういったマナーに気をつければよいでしょうか。いくつかの具体例を示してみましょう。

【授業態度チェック】

①授業開始時に教員が入室してきても、着席せずに友人と喋り続けているのは、教員からの「座ってください」という指示を誘い、他律的な雰囲気を作る。

②授業開始時間になっても、口の中に食べ物を含んでモグモグしていると、匂いが周囲に影響を与える。周囲への配慮が足りない。

③はっきりとあいさつをすることは、気持ちのよい前向きな雰囲気を作る。

④呼ばれたときには、相手にわかるように返事や反応をすることで、コミュニケーションを円滑にする。

⑤机からカバンをおろし、話を聴く姿勢を整えることで、前に立った人は話しやすい。

⑥ノートは、板書をただ写すのではなく、教員の目を見てしっかり話を聞くなかで大事なこと、わからないことなどをとらえ、必要なことはメモを取る。ノートを取ることに夢中になり、大事なポイントを聞き逃さないように注意する。

⑦授業に遅刻した場合に、堂々と大きな音を立てながら入室したり、すでに受講中の友だちに話しかけながら席に向かうのは、友だちの集中が途切れて、大事なことを聞き逃しても関係ないという、他者への思いやりのなさの表れ。

⑧室内で、帽子や上着、マフラーなどを身につけたまま受講するのは、マナー違反。

⑨机に肘をついたり頬杖をついたりして受講するのは、心身の緩みを感じさせ、周囲に悪印象を与える。

⑩ちょっとした移動がダラダラすると、授業の雰囲気も緩む。

⑪私語に没頭するのは、集中できていないことを周囲にアピールしている。

⑫居眠りは、「授業に興味がない」という雰囲気を空間にアピールしている。

---

⑬わからないことや疑問点が出てくるのは、ただ聞いていたのではなく、考えながら聞いていたことの現れで、良いこと。自ら教員に質問に行ってみる。

　ほんの一部分の例ですが、いかがでしょうか。文字にすれば「あたり前」のことと思うかもしれませんが、これがあたり前にできているということは大切です。逆に、あたり前のことができていない場合、悪い印象につながりかねません。また、なかには自分一人がどんな態度でいようが「誰にも迷惑はかけていない」「関係ない」と考える人もいるかもしれませんが、それは誤りです。人間は、そこにいるだけで存在感がありますので、自分一人の態度や姿勢が周囲の人にも不快感を与え、雰囲気を崩す可能性があります。意欲的な態度でのぞめば、当然授業は活性化しますし、主体的な心持ちでのぞめば、内容を自分に引きつけて考えることができます。横柄な態度は、周囲を不愉快にするでしょう。あまりにも消極的であれば、周囲がとまどうこともあるでしょうし、他律的な雰囲気を誘発します。授業も日常生活も同じ、「人」との関わりということです。お互いに、より良い学びの空間を作り出していけるよう心配りをしていきましょう。

スマートフォンの扱い

　遠くの人との交流や、わからないことを素早く調べるなど、スマートフォンは大変便利です。しかし、授業に当たっては少し注意をして使ってください。授業中に着信音がならないようにマナーモードにしておくことはもちろん、授業担当者によっては「授業中は使用しないように」ということもあるでしょう。授業内容を無断でSNSなどにアップすることもよくありません。

相談時のマナー

　授業でわからないことがあったときなどに、教員に相談に行くこともあるでしょう。相談することは、「報・連・相（ホウ・レン・ソウ）」といって、社会人の基本ですので、もちろん遠慮なく早めに相談してください。しかし、そのときにもマナーがあります。とくに目上に人に相談するときは、礼儀面などに気をつけましょう。

　たとえば、相談内容を簡潔にまとめておくなど、忙しい相手への配慮を忘れな

いようにしましょう。また、相談時間も配慮するとよいでしょう。基本的には勤務時間中が原則ですが、緊急を要する場合は、「夜分におそれ入ります」や「お忙しいところ（お休みのところ）申し訳ありません」など、一言お断りを入れてから、なるべく手短に済ませるように努めましょう。そして、相談をした事柄が「その後、結局どうなったのか」相談相手に対して事後報告をきちんとしましょう。

●ふりかえり問題

① 【授業態度チェック】を元に、自分の態度を振り返ってみましょう。

MEMO

（2）身だしなみ

　保育者をめざすみなさんにとっては、身だしなみも大切な要素です。ここでは、保育者（養成校の学生）として、どのようなことを意識して身だしなみを整えていけばよいかについて、考えていきましょう。

身だしなみの基本は「清潔感」

　保育者養成校の学生は、入学試験で面接を経験した人もいるでしょう。その際、服装の清潔感について高等学校の先生から指導されたこともあるのではないでしょうか。身だしなみは、第一印象に大きな影響を与えます。服装や髪型などに清潔感があると、それだけで気持ちがよいものです。逆に、不潔であったりだらしなかったりすると、それだけで相手に不快感と不信感を与えることもあります。多くの人と関わる仕事をめざすみなさんは、清潔感のある身だしなみで、周囲に不快感を与えないようにすることも大切な配慮でしょう。

　では、清潔感のある身だしなみとはどのようなものでしょうか。実習のあいさつにうかがう場面を想定して、図表1-11に示してみましょう。

　気をつけておきたいのは、清潔＝清潔感ではないということです。たとえば、服をきれいに洗濯していても髪の毛をきれいに洗っていても、着崩したり寝ぐせでぐちゃぐちゃであったりすれば、だらしない雰囲気になったり不潔な印象を与えたりもします。服装は自分の体に合ったサイズのものを選び、髪の毛は短く切るか束ねて、顔にかからないようにし表情がよく見えるようにしておきましょう。

状況に応じた身だしなみを心がける

　実習のあいさつや通勤時の服装については図表1-11に示した通りですが、園や施設の建物に入るときは、コートは脱ぎマフラーは外しておきます。実習中はエプロンやジャージなどの動きやすい服装でのぞむようになるでしょう。このときには、通勤時は革靴やパンプスであったものを、外履きは運動のできる靴、室内でもスリッパではなく、走っても脱げないものを選びましょう。ピアスやヘアピンといった金属類も、普段しているのであれば外しておいた方がよいでしょう。子どもと勢いよくぶつかった際に、けがにつながるおそれがあります。実習中は、清潔感だけでなく安全性の面からも配慮する必要があります。

図表1-11　清潔感のある身だしなみ

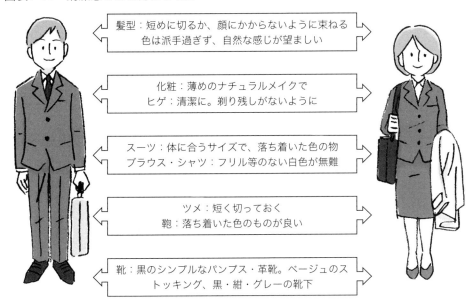

髪型：短めに切るか、顔にかからないように束ねる
色は派手過ぎず、自然な感じが望ましい

化粧：薄めのナチュラルメイクで
ヒゲ：清潔に。剃り残しがないように

スーツ：体に合うサイズで、落ち着いた色の物
ブラウス・シャツ：フリル等のない白色が無難

ツメ：短く切っておく
鞄：落ち着いた色のものが良い

靴：黒のシンプルなパンプス・革靴。ベージュのス
トッキング、黒・紺・グレーの靴下

　また、通勤時のあいさつ時のスーツでは、黒や紺など落ち着いた色をお勧めしましたが、実習中はエプロンなどの色も、違った角度から配慮してみてはどうでしょうか。たとえば、ピンクや水色といったやわらかめのパステルカラーは、優しい雰囲気を醸し出し、優しく包んでくれそうな安心感を与えます。全身真っ黒であったり、あまりにも派手な色であった場合は、子どもたちに威圧感を与えることもあるかもしれませんし、保護者や先生方に不信感を与えかねません。状況に応じた身だしなみを心がけるようにしましょう（図表1-12）。

「におい」も身だしなみの一部です

　人に不快感を与えないというところから考えると、「におい」というのも身だしなみの一部だと考えることができます。においは、自分ではなかなか気づきにくいものですから、家族など身近な人にチェックしてもらうのも一つの方法です。口臭や体臭が強いと、周囲に不潔な印象を与えることがあるため、歯を磨くことはもちろんですが、汗をこまめに拭くなど、つねに清潔に保つ努力が必要です。

　きつい香水のにおいなどは周囲に不快感を与えることもあるため、こちらも気をつけましょう。タバコのにおいも、好ましくないでしょう。家族がタバコを吸う場合には、身につけるものににおいが染みつかないように、注意を払ってください。

図表1-12　状況に応じた身だしなみ

・髪の毛が長い場合は束ね、表情がはっきり見えるように
・薄化粧で、健康的な感じに
・動きやすく柔らかい素材の服装
・着脱しやすいエプロン
・ピアス等の硬いアクセサリー類は外しておく
・脱いだり履いたりしやすい靴。走っても脱げない物

> ## 日常生活も、常識的な範囲でおしゃれを楽しみましょう

　ここまで実習の場面を想定して身だしなみを考えてきました。しかし、実習が終わったタイミングなどで、緊張感からの解放的な気持ちが、驚くような身だしなみにつながることがあります。ここでちょっと冷静に考えてみてほしいのです。

　地元の園に実習でお世話になった場合などは、近所で実習先の先生や子どもとばったり出会って……ということもあります。当然保護者が一緒にいらっしゃることもあるのです。そのときに、実習先で見た実習生の先生があまりにも奇抜な化粧や髪の毛の色であったり、露出が多すぎたり派手すぎる服装であった場合、保護者や子どもたち、先生方はどのように感じるでしょうか。保護者は不安を感じるかもしれません。

　いつどこで誰と出会っても、安心感を与え、気持ちよく関わることができるように、品良くおしゃれを楽しんでくださいね。

●ふりかえり問題

　① 　いまの自分の身だしなみ（服装・髪型・爪・化粧・ひげ・アクセサリーなど）は、実習先の子どもや保護者、先生方と出会っても何の問題もありませんか？　自分をチェックしてみましょう。

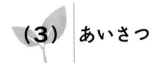

（3） あいさつ

あいさつは、人と人が心を通わせる第一歩です。日頃の生活や授業、実習、採用試験、そして、保育者としての仕事に就いた時にも、笑顔であいさつができることは必須の力です。人と気持ちの良い関係を築くためにも、きちんとしたあいさつの方法を身につけましょう。

授業の開始時、終了時

あいさつが「心を通わせる第一歩」と書きましたが、それは人間関係を築いていく第一歩ということでもあり、授業でも同様です。授業開始時に「お願いします」とあいさつをすることは、これから始まる授業にのぞむにあたり、その場にいる学生・教員全員が「授業に気持ちを向けるぞ」という意思表明でもあり、スイッチでもあります。自分の将来に向けて学ぶことができるという状況、同じ夢に向かう仲間がいるということに感謝をしつつ、気持ちよくあいさつできるとよいですね。また、授業終了時には、共に学ぶことができたことに感謝しつつ「ありがとうございました」とあいさつができるとよいでしょう。

実習園でのあいさつ

実習においては、みなさんは実習生という立場です。みなさん自身の免許・資格取得のために、お忙しいなか実習を引き受けてくださった実習園の先生方へ、実習をさせていただく感謝を込めて、きちんとあいさつをしましょう。基本的には、園長先生や担任の先生だけでなく、すべての先生方に自分から「本日は（今日から）よろしくお願いいたします」とあいさつをします。

あいさつの仕方としても、当然日常的に友だちと出会ったときに交わすあいさつとは違います。歩きながら、流すようにしてあいさつをするのではなく、立ち止まって、きちんと目を見て、笑顔でするようにしましょう。一日の実習が終わった際も、「本日はありがとうございました。明日もまた、よろしくお願いいたします。失礼いたします」とあいさつし、降園します。

一方で、子どもたちにとって、みなさんは「先生」の一人です。「先生」としてふさわしい、子どもの見本となるような立ち振る舞いをしましょう。あいさつについても、一人ひとりと目を合わせ、明るく、元気よく、笑顔ではきはきと行

図表1-13　あいさつの仕方

・一度姿勢を正してから、肩の力を抜き背筋を伸ばす
・相手の顔を見てから、頭を下げる。女性は、頭を下げながら両手を体の前でそろえる
・前に倒れないように、重心は少し後ろへ
・角度は30度くらいをイメージしておけば丁寧な印象を与えます
　※ 45度くらい曲げると 最敬礼と言って、儀式やお詫びなど特別な場面で用いることが多い
・一呼吸おいて、ゆっくりと頭を上げる

います。そして、それは保護者に対しても同様です。実習というのは資格・免許を取得するために必要ですが、それは言い換えれば「プロの保育者になるため」に必要な科目ということです。送迎に来られた保護者に対しても安心感や信頼感、元気を与えられるあいさつができるとよいですね。保育は、園と家庭、地域全体で連携しながら推進していくものです。あいさつは、その第一歩でもあるのです。

【実習あいさつの具体例】
「おはようございます（こんにちは）。お忙しいところ失礼いたします。〇〇〇〇学校から参りました〇〇〇〇（氏名）と申します。〇月にお世話になります保育（教育）実習のごあいさつに伺いました。ご担当の先生はいらっしゃいますでしょうか。」

あいさつは、感謝と親愛の気持ちから

　保育者にとっては、明るい笑顔で周囲に安心感を与え、気持ちのよいコミュニケーションと円滑な人間関係を構築する力が必要です。あいさつはそのための第一歩です。この節で、具体的なあいさつの方法を一部紹介しましたが、これはあくまでも基本の一例です。形を重視しすぎるあまり、心がつながらない虚礼となれば、誠実さも伝わりません。あいさつは、相手への感謝と親愛の気持ちを込め

て行うようにしましょう。

●ふりかえり問題

①　実習先の職員室で初めて先生方にあいさつする場面を想定して、あいさつの内容を考え、お互いにあいさつしてみましょう。

②　実習先の保育室で初めて子どもたちにあいさつする場面を想定して、あいさつの内容を考え、お互いにあいさつしてみましょう。

MEMO

（4）　ふりかえり

マナーを守る生活は、信頼を損なわない生活

　第4節では、主に受講マナーや人と関わるときの第一印象に大きな影響を与える身だしなみ、あいさつといった内容を取り上げ、保育者や保育者養成校学生としてのマナーを見てきました。その内容は、広く社会人として必要な力といえるかもしれません。しかし、それは当然のことです。保育者は社会の一員であり、社会の中で「人」と関わりながら成り立っている仕事だからです。

　ここで示したマナーは、ほんの一部です。さまざまな状況によって、多くのマナーが考えられます。たとえば「手続きや提出物の期限を守る」ということは、学生としても社会人としても当然守るべきマナーです。「自分一人くらいなら、少々遅れても大丈夫かな、何とかなるだろう」と思う人もいるかもしれませんが、一人が遅れるということは、それに関わる人の仕事がすべて遅れるということで、関係者はそのための時間を余分にとらなければならないということになります。また、もしいままで「何とかなってきた」という場合は、「何とかする」ために動いてくれた人たちが大勢いたということでもあるのです。つまり「期限を守れない」というだけで、多くの人の時間を奪い、信頼を損なうということになります。

　授業や実習ということでいえば、学校や学外施設の設備や備品を借りるときは、他人の物を借りているのだという意識をもって、大切に扱うことも心がけましょう。みなさんは、自分が買った物や大切にしている道具、あるいは自分の部屋を人に貸して、返ってこなかったりボロボロになったりしたら、悲しいし腹が立つでしょう。他人や学校、学外施設も同じです。基本原則は、「原状回復」といって、借りる前の元の状態に戻すことです。「来た時よりも美しく」「借りる前より整然と」の状態にできれば、周囲に信頼感を与えるでしょう。

マナーは、自分だけの問題ではない

　前の項目で、マナーを守るということは信頼を損なわないことだと述べましたが、これは自分一人だけの問題ではないのです。いま、みなさんは、保育者養成校の学生として学校に所属し、学んでいるところでしょう。であるならば、これから実習やインターンなどで外部と関わりながら学びを深めたり、ボランティア

などで多くの人と関わりながら見識を広げていくこともあるでしょう。あるいは、学内のさまざまな行事のスタッフとして、学外の人たちとふれ合う機会もあるかもしれません。こうした状況に身を置いた場合、みなさんは一個人であると同時に、望むと望まざるとにかかわらず「所属する学校の学生である」ことを背負っているのです。ということは、みなさんがマナー違反の立ち振る舞いをすると「○○学校の学生は（みんな）マナーが悪い」という印象につながるのです。

　就職した際も同様で、たった一人の保育者でも、外部の人に対して「マナーが悪い」という印象を与えると、所属する園や施設そのもののマナーが悪いととらえられることにもなります。これは、所属する組織にとって大きなダメージにもなり得ることです。

マナーを身につけ、すてきな保育者に

　「あたり前のことがあたり前にできない」というのは、保育者にとってはそれだけダメージとなり得ますし、逆に、「あたり前のことを、いつもていねいに実践することができる」ということは、日々信頼を積み重ねているといっても過言ではありません。特別優れた能力を身につけることも大いに結構ですが、こういった日々の積み重ねが、周囲の人に安心感をもたらすすてきな存在感を醸し出す土台となるのです。

　みなさんは、この節で示された具体的な内容を基礎とし、日頃から「保育者ならどうするかな？」という、自分がイメージするすてきな保育者を基準として、より洗練されたマナーを身につけていけるようにしましょう。

コラム 遊びこむ体験の大切さ

　子どもにとって遊びは大変重要なものであり、保育者は、遊びを大切にとらえて考えていく必要があります。なぜなら、幼稚園や保育所、認定こども園では、保育者が環境を整え、子どもたちの自発的・主体的な遊びを通して指導、サポートしていくことで、子どもの「知識および技能の基礎」「思考力、判断力、表現力などの基礎」「学びに向かう力、人間性など」といった資質・能力を育むからです。

　たとえば、砂場で遊んでいる子どもたちを見てみましょう。低年齢児が砂をすくってはバケツに入れ、それをひっくり返しては、また入れて……といったことを繰り返す姿を見ることがあります。砂という素材がどういうものか、繰り返しいじって遊ぶことで、その特徴を理解しています。そうやって遊んでいるうちに、ある日、誰かが水を運んできて砂場に流し込みます。子どもは、バサバサしていた砂が、水が混ざることでベチャベチャになることに気づきます。これは知識の基礎ですね。

　ふと、そばで遊んでいる少し年上のお兄ちゃんお姉ちゃんを見ると、上手に泥団子を作っています。自分も作ってみたいなと思いチャレンジしますが、なかなかうまくいきません。砂は水を混ぜ圧縮すれば固まりやすくなりますが、水が少ないとポロポロとくずれてうまく固まりません。とはいえ、水が多すぎてもベチャベチャで固まりません。どうすればうまく固められるのか、繰り返し試し続けることで、砂が固まる適切な水の量を徐々に理解していきます。「どうしたらよいのかな？」と考えて、「こうしてみよう！」と決めて、実際に試みるわけです。これが、思考力、判断力、表現力の基礎です。

　最初から丸い団子をきれいに作ることはむずかしいですが、作ってみたい一心で繰り返し挑んでいきます。いずれは見事な泥団子を作ることができるようになるでしょう。こういった意欲や態度が学びに向かう力であり、その積み重ねが技能の基礎となっていきます。そのプロセスのなかで、お友だちと協力して水を運んだり作り方を教え合ったりと、他者と協力して取り組む姿勢を身につけたり、できないお友だちを一生懸命応援したりといった人間性も育っていきます。

　このように、子どもたちは継続的に遊びこむことでさまざまな力を総合的に身につけていきます。先生から教わったことをただこなすということではなく、自分なりの視点やペースで遊びに取り組むなかで、試行錯誤を繰り返し、さまざまな発見や失敗があり、よいことを思いついたりしながら遊び続けるプロセスが大切なのです。

第 2 章

保育者に必要な専門的な力とは何でしょうか？

2.1 保育者に必要な専門的な力

　本節では、保育や保護者の子育て支援に必要な知識や技術とは何かについて学びます。保育者養成校で学ぶことが保育者に必要な専門的な力の土台になっていることを理解していきましょう。

（1）保育に関する知識・技術

　ここでは、保育に関する専門的な知識や技術とはどのようなものかを理解していきましょう。

4つの系列

　保育士資格を取得できる大学や短期大学を「指定保育士養成施設」といいます。ここで学ぶ科目には4つの系列があります（出所：厚生労働省「指定保育士養成施設の指定および運営の基準について」）。

①保育の本質・目的に関する科目
　保育原理、教育原理、子ども家庭福祉、社会福祉、子ども家庭支援論、社会的養護Ⅰ、保育者論
②保育の対象の理解に関する科目
　保育の心理学、子ども家庭支援の心理学、子どもの理解と援助、子どもの保健、子どもの食と栄養
③保育の内容・方法に関する科目
　保育の計画と評価、保育内容総論、保育内容演習、保育内容の理解と方法、乳児保育Ⅰ、乳児保育Ⅱ、子どもの健康と安全、障害児保育、社会的

養護Ⅱ、子育て支援

④**保育実習**

　保育実習Ⅰ、保育実習指導Ⅰ

　ここであげた科目は必修科目とされています。これらの必修科目以外にも、保育実習Ⅱや保育実習Ⅲ、保育実習指導Ⅱや保育実習指導Ⅲのような選択必修科目もあります。なお、科目名はみなさんが所属している大学や短期大学によって異なることがありますので、シラバスで確認してみましょう。

各科目の目標

　こんなにたくさんの科目を学ぶのかと驚いたかもしれません。ですが、保育は単なる託児でありませんので、子どもの発達をうながしたり保護者の子育て支援をしたりするためのさまざまな知識や技術を学ぶ必要があります。

　保育に関する専門的な科目はさまざまですが、各科目にはそれぞれの目標があります。たとえば、保育原理と保育の心理学の目標は以下の通りです（出所：厚生労働省「指定保育士養成施設の指定および運営の基準について」）。

〈保育原理の目標〉

　①保育の意義及び目的について理解する。

　②保育に関する法令及び制度を理解する。

　③保育所保育指針における保育の基本について理解する。

　④保育の思想と歴史的変遷について理解する。

　⑤保育の現状と課題について理解する。

〈保育の心理学の目標〉

　①保育実践に関わる発達理論等の心理学的知識を踏まえ、発達を捉える

　　視点について理解する。

　②子どもの発達に関わる心理学の基礎を習得し、養護及び教育の一体性

　　や発達に即した援助の基本となる子どもへの理解を深める。

　③乳幼児期の子どもの学びの過程や特性について基礎的な知識を習得し、

　　保育における人との相互的関わりや体験、環境の意義を理解する。

このように、各科目の目標はそれぞれ異なります。その科目で何を学ぶのか、何を身につけるのかについては、授業や教科書の中ではっきり示されます。各科目の目標をつねに意識して授業を受講したり教科書を読んだりすることで、なぜその知識や技術を学ぶのか、身につけるのかを理解しやすくなります。

保育実習の目標

みなさんは、大学や短期大学の授業より、保育所などで実施する保育実習に対して心配や不安に思っているようです。授業は教室で教員の説明を聞いて、ノートをとって、議論をしていればよいだけでも、保育実習は実際の子どもとかかわり、保育者から指導を受け、実習日誌や指導計画を書かなければならないからいっそう大変と考えているようです。

しかし、こうした考えは適切ではありません。保育実習で評価が好ましくない学生や保育実習を乗り越えることができない学生は、日頃の授業をおろそかにしていることが多いのです。なぜなら、保育実習は、大学や短期大学の授業で学んだ知識や技術を、実際の保育に適用したり実際の保育で試行錯誤したりするものだからです。実際、保育実習の目標の一つは「既習の教科目の内容を踏まえ、子どもの保育及び保護者への支援について総合的に理解する」となっています（出所：厚生労働省「指定保育士養成施設の指定および運営の基準について」）。

子どもがケンカしている場面でどのような対応をすればよいかは、子どもの発達、心理、家庭環境などを総合的に考えて、言葉をかけるのか見守るのか、あるいはすぐに仲裁するのかを決断する必要があります。こうした決断のために必要な知識や技術を学ぶ場が大学や短期大学の授業なのです。保育実習を乗り越えるためには、日頃の授業をきちんと受講することが何より大事なのです。

●ふりかえり問題

① みなさんがもっている各科目の教科書を読み、その科目の目標は何か調べてまとめてみましょう。

② 保育実習を乗り越えるためにどのような知識や技術が必要か考え、どの科目でそれを学べるのかをシラバスを使って確認してみましょう。

（2）保護者の子育て支援に関する知識・技術

保育者は保育をするだけではなく、保護者の子育て支援もする必要があります。ここでは、保護者の子育て支援について学びましょう。

保護者の子育て支援

「保育所保育指針解説」（厚生労働省）には、保育者に求められる主な知識や技術として以下の6つが示されています。

---

①これからの社会に求められる資質を踏まえながら、乳幼児期の子どもの発達に関する専門的知識を基に子どもの育ちを見通し、一人一人の子どもの発達を援助する知識及び技術

②子どもの発達過程や意欲を踏まえ、子ども自らが生活していく力を細やかに助ける生活援助の知識及び技術

③保育所内外の空間や様々な設備、遊具、素材等の物的環境、自然環境や人的環境を生かし、保育の環境を構成していく知識及び技術

④子どもの経験や興味や関心に応じて、様々な遊びを豊かに展開していくための知識及び技術

⑤子ども同士の関わりや子どもと保護者の関わりなどを見守り、その気持ちに寄り添いながら適宜必要な援助をしていく関係構築の知識及び技術

⑥保護者等への相談、助言に関する知識及び技術

みなさんは保育者というと「子ども」や「遊び」というキーワードはすぐに浮かぶことが多いでしょうが、⑥にあるように保育者にとっては「保護者」や「子育て支援」もキーワードです。実際、保育者として働きはじめると、子どもとの関係を構築するより、保護者との関係を構築する方がむずかしいことが多くあります。そのため、保護者の子育て支援に関する知識や技術を学ぶ必要があるのです。

> ## 子ども家庭支援論

　保護者の子育て支援について学ぶ科目はさまざまありますが、ここでは「子ども家庭支援論」を取り上げてみましょう。「子ども家庭支援論」の目標と内容は、以下の通りです（出所：厚生労働省「指定保育士養成施設の指定および運営の基準について」）。

〈目標〉

①子育て家庭に対する支援の意義・目的を理解する。

②保育の専門性を活かした子ども家庭支援の意義と基本について理解する。

③子育て家庭に対する支援の体制について理解する。

④子育て家庭のニーズに応じた多様な支援の展開と子ども家庭支援の現状、課題について理解する。

〈内容〉

①子ども家庭支援の意義と役割

　　1　子ども家庭支援の意義と必要性

　　2　子ども家庭支援の目的と機能

②保育士による子ども家庭支援の意義と基本

　　1　保育の専門性を活かした子ども家庭支援とその意義

　　2　子どもの育ちの喜びの共有

　　3　保護者及び地域が有する子育てを自ら実践する力の向上に資する支援

　　4　保育士に求められる基本的態度（受容的関わり・自己決定の尊重・秘密保持等）

　　5　家庭の状況に応じた支援

　　6　地域の資源の活用と自治体・関係機関等との連携・協力

③子育て家庭に対する支援の体制

　　1　子育て家庭の福祉を図るための社会資源

　　2　子育て支援施策・次世代育成支援施策の推進

④多様な支援の展開と関係機関との連携

　　1　子ども家庭支援の内容と対象

　　2　保育所等を利用する子どもの家庭への支援

「子ども家庭支援論」の目標と内容からも、保育者として保護者の子育て支援に関する知識や技術を学ぶことが重要であることがわかります。すでに説明した「バイステックの7原則」（p.25参照）や保護者からの相談の受け方（p.66〜71参照）も、この科目の中で学ぶことになります。

社会資源との連携・協働

「子ども家庭支援論」に「地域の資源の活用と自治体・関係機関等との連携・協力」や「多様な支援の展開と関係機関との連携」とあるように、保護者の子育て支援ではさまざまな社会資源（社会の中にある機関、制度、サービスなど）と連携・協働します。現代社会では保護者の働き方やニーズが多様化、複雑化していることから、保育者だけでは保護者が直面している問題を解決することがむずかしいことが多くなってきているからです。そのため、さまざまな社会資源と連携・協働して問題解決に取り組む必要があります。

みなさんは自分が住んでいる地域で、子育て支援につながる社会資源として何が思い浮かぶでしょうか。保育者として保護者の子育て支援を行う際は、保護者の気持ちに寄り添ったり、保護者の相談に応じたりするだけではなく、こうした社会資源に関する知識を駆使して問題解決の提案をすることが求められます。ですから、大学や短期大学の授業や教科書、保育実習を通して、どのような社会資源があるのか、どのように保育者と連携・協働しているのかをつねに意識するようにしましょう。

●ふりかえり問題

①　自分が住んでいる地域で、子育て支援につながる社会資源として何が思い浮かぶでしょうか。3つ列挙してみましょう。

②　保育所や幼稚園がどのように社会資源と連携・協働しているかを調べてまとめてみましょう。

MEMO

（3）3法令

3法令は保育や教育の基本になるものですから、きちんと理解する必要があります。ここでは、3法令の意味と必要性、その活用方法について理解しましょう。

3法令とは何でしょうか

3法令とは、「保育所保育指針」（厚生労働省）、「幼稚園教育要領」（文部科学省）、「幼保連携型認定こども園教育・保育要領」（内閣府・文部科学省・厚生労働省）のことです。「保育所保育指針」は保育所保育の目標や方法、保育所の運営に関する基本的な事項をまとめたものです。「幼稚園教育要領」は幼稚園教育の目標や方法、幼稚園の運営に関する基本的な事項をまとめたものです。「幼保連携型認定こども園教育・保育要領」は認定こども園の保育や教育の目標や方法、認定こども園の運営に関する基本的な事項をまとめたものです。

3法令はいずれも告示されています。告示とは、3法令に従って保育や教育を行ったり、保育所、幼稚園、認定こども園を運営したりしなくてはならないということです。だからこそ、保育者になるためには3法令に対する理解が欠かせないのです。

なぜ3法令が必要なのでしょうか

3法令は、子どもがどこの保育所、幼稚園、認定こども園に通っても、一定の水準の保育や教育を受けることができるようにするために必要なものです。日本にはさまざまな保育所、幼稚園、認定こども園があります。園によって保育や教育の目標や方法はさまざまです。ですが、保育所保育や幼稚園教育、保育所や幼稚園の運営の基本的な考え方やルールはどの園でも大きく変わるものでありません。この変わらない部分をしっかり守ることによって、子どもがどこの保育所、幼稚園、認定こども園で保育や教育を受けても一定の水準の保育や教育になるのです。

3法令はどのように活用すればよいのでしょうか

ここでは、3法令の活用方法を二つ説明します。一つは3法令の解説とともに

読むことで保育や教育に対する理解を深めること、もう一つは実際の保育や教育（みなさんにとっては実習）を3法令の観点から振り返ることで質向上をめざすことです。

①「解説」を読んで保育や教育に対する理解を深める

3法令はとても大事なことが書かれているのですが、抽象的に最低限のことだけが書かれているため、イメージしにくいところがあります。そこで、3法令それぞれの解説を読むとよいでしょう。

「保育所保育指針」には「保育所保育指針解説」、「幼稚園教育要領」には「幼稚園教育要領解説」、「幼保連携型認定こども園教育・保育要領」には「幼保連携型認定こども園教育・保育要領解説」のように、それぞれの内容を具体的に説明したり事例を紹介したりする解説があります。

解説を読むと、イメージがわきやすく、保育や教育に対する理解が深まります。たとえば、「幼稚園教育要領解説」には次のように書かれています。

　　幼児が自分の身の回りのことなど、できるだけ自分の力でやろうとする意欲を育てることは大切なことである。この場合、単に何かを「できる」、「できない」ということのみが問題ではなく、あくまでも自分でやりたいことを意識し、自分が思ったことができたということを喜ぶ気持ちが大切である。自分でやってみたいという意欲をもったり、やったらできたという充実感や満足感を味わったりすることが自立の第一歩である。そのためには、それぞれの幼児の発達に即した適切な受容や励ましなどによって、幼児が自分でやり遂げることの満足感を十分に味わうことが必要である。

この説明から、幼稚園教育では、ただできるようになればよいのではなく、自分でやってみようという意欲をもったり達成感を味わったりしながらできるようになることが重要なのだとわかります。そのため、指導をする際も、片づけなさい、こうすれば上手にできるというように、教師が一方的に指示をしてできるようにさせることではなく、子どもが片づけをしようという気持ちになったり、自分が考えていることを試行錯誤しながら実現したりすることが重要であるとわかります。このように、解説を読むことで保育や教育に対する理解を深めていきましょう。

②３法令の観点から振り返ることで質向上をめざす

　保育や教育は、やりっぱなしではよくなりません。ふりかえり、課題を見つけて改善していくことが必要です。そのために、３法令で示されているさまざまな観点を活用するとよいでしょう。次の写真を見てください。

写真2-1　どのような姿が育っているでしょうか？

出所：浅井拓久也『活動の見える化で保育力アップ！ドキュメンテーションの作り方＆活用術』, 明治図書出版, 2019

　この場面をふりかえり、課題を見つける際に、何となく気がついたことを羅列していくのではなく、たとえば３法令で示されている「幼児期の終わりまでに育ってほしい姿」の観点を活用してみましょう。この場面で育っている子どもの姿とはどのようなものでしょうか。「協同性」はどのように育っているでしょうか。「言葉による伝え合い」は十分に育まれるような保育や教育になっているでしょうか。もし十分に育っていない姿があれば、どのような保育や教育を次に展開すればよいでしょうか。「幼児期の終わりまでに育ってほしい姿」の観点から写真を見ると、何となく考えていただけでは気がつかなかったことに気がつくでしょう。

　ここでは、３法令の活用方法を二つ説明しました。３法令は机の上に置いておくものではなく、毎日の保育や教育で最大限に活用していくものです。それが、３法令を理解するということにつながるのです。

●ふりかえり問題

① 「保育所保育指針」の「健康」には「明るく伸び伸びと行動し、充実感を味わう」と書かれていますが、「充実感を味わう」とはどのような意味でしょうか。「保育所保育指針解説」を読み、具体的に説明してみましょう。

② 保育・教育実習の中で3法令を活用する方法を考えてみましょう。たとえば、実習日誌で書くことになるエピソード記述を書く際に、「幼児期の終わりまでに育ってほしい姿」はどのように活用できるでしょうか。

MEMO

（4） 人間性

　保育や保護者の子育て支援に関する知識や技術を学ぶことは保育者として働く際に欠かせないことです。ですが、それ以上に大切なことは「人間性」です。ここでは、人間性を高めることの大切さについて理解しましょう。

人間性の向上

　「保育所保育指針」（厚生労働省）では「子どもの最善の利益を考慮し、人権に配慮した保育を行うためには、職員一人一人の倫理観、人間性並びに保育所職員としての職務及び責任の理解と自覚が基盤となる」というように、保育者には人間性が大切であると示されています。保育者の言動は子どもや保護者に大きな影響を与え、その言動には保育者の人間性が表れるからです。だからこそ、みなさんは保育や保護者の子育て支援に関する知識や技術だけではなく、人間性を高めることを心がける必要があります。

　では、どうすれば人間性を高めることができるのでしょうか。実は、その答えはすでに説明されています。日々の授業をきちんと受講し、適切な礼儀作法を身につけ、保育者になる夢を実現するため日々努力することです。その具体的な方法が第1章で示されていました。「そんなことか」と思うかもしれませんが、実際にこれらをきちんと行うことはむずかしいものです。授業ではつねに集中していますか？　身だしなみやあいさつに注意を払っていますか？　このような日頃の言動一つひとつを大切することが、みなさんの人間性を高めることにつながっているのです。

相手の立場に立って考える（子どもの立場）

　人間性を高めるためには、相手の立場に立って考えることが大切です。相手の立場に立って考えるとは、相手はどう思うか？　どう感じるか？　なぜそう言うのか？　なぜそうするのか？　というように、相手の気持ちや状況になって考えるということです。

　もちろん、最初から上手に考えることはむずかしいでしょう。相手の立場に立って考えたつもりになっていることもあります。ですが、心配はいりません。さまざまな経験を積み重ねることで、相手の立場に立って考えることが次第に身

についてきます。次の文章は、初めて保育実習を経験した学生（坂本さん）が書いたものです。

　　実習のときKくんに「サッカーをしよう」と言われましたが、集まった人数が３人でした。サッカーをできる人数ではなかったので「この人数だとサッカーはむずかしそうだね」と声をかけると、「もういいよ」と言われました。私のなかでのサッカーは大人数で行うイメージでしたが、Kくんの言うサッカーとはボールを蹴ってゴールに入れることであったので遊びが食い違っていました。自分が子どもの遊びを固定概念で決めつけてしまったことで子どもの遊びの妨げになることを学びました。子どもの気持ちになってみて何を考えているかを考えることが大切なのだと思いました。

　坂本さんの立場からすれば「サッカーは大人数でする（３人ではできない）遊び」ですが、Kくんの立場からすれば「サッカーはボールをゴールにいれる遊び」であり、「３人でも十分にできる遊び」だったのです。もしかしたら、Kくんは坂本さんと一緒に遊びたかったのかもしれません。このとき、坂本さんが相手の立場に立って考える、つまり「Kくんは何をしたいと思っているのだろう？」「どうして私に声をかけたのだろう？」と考えていたら、坂本さんとKくんは一緒に遊び、楽しい経験をすることができたのではないでしょうか。

　このように、相手の立場に立って考えることは最初から上手にはできないでしょう。ですが、さまざまな経験を積み重ねることで相手の立場に立って考えることができるようになっていきます。こうした経験をした坂本さんはきっと良い保育者になっていくでしょう。

相手の立場に立って考える（保護者の立場）

　相手の立場に立って考えるという場合、子どもだけではなく保護者の立場に立って考えることも大切です。

　たとえば、子どもを迎えに来る時間にいつも遅れてくる保護者がいたとしましょう。このとき、「お迎えの時間に遅れてくると私は残業になるし、すごく腹が立つ！」「いつも遅れて来るし、子どもがかわいそうだと思わないのか！」のように考えるのは好ましくありません。保護者が約束した時間に遅れて来ること

がみなさんの仕事の負担になってしまうという気持ちはわかりますが、保育者としてすべきことは相手の立場に立って考えるということです。

この場合、「なぜ時間に間に合わないのだろう？」「もしかしたら家庭や職場で問題でも起きているのだろうか？」のように、保護者の立場に立って考えるようにします。もちろん、家庭や職場の事情はみなさんにはわからないでしょう。ですが、こうして相手の立場に立って考えることで、保護者と話をしてみよう、保護者の気持ちを確認してみようという気持ちになります。自分の立場から「約束した時間に来てください！」と言うだけではなく、保護者の立場から考えて、保護者に共感を示しつつ対話や話し合いをするほうが問題解決しやすいのです。

実は、この例は実際に保育所で起きた（そしてよく起きる）事例です。保育者は連絡帳を通して以下のように保護者に自分の気持ちを伝えています。相手の立場に立って考えるということがどのようなことか、みなさんにも理解できるのではないでしょうか。

　ご連絡いただきありがとうございます。お仕事と子育ての両立をがんばっている姿からは、私も勇気をもらっています。まだまだお仕事の繁忙期は続くようでしたら、やはりお迎えの時間に間に合うことは難しいのではないでしょうか。今はたくさんの子育て支援の方法があります。今何ができるか、何がひかりちゃんにもお母様にもよいかを一緒に考えさせてください。明日の迎えの際にお話しできますか。日に日に寒くなってきています。どうぞご無理をなさらないで、お体お大事にしてください。

出所：浅井拓久也『先輩保育者が教えてくれる！ 連絡帳の書き方のきほん』, 翔泳社, 2019

保育者に必要な専門的な力とは、保育や保護者の子育て支援に関する知識や技術だけではありません。みなさん自身の人間性が何より大切なのです。

●ふりかえり問題

① 人間性という言葉を他の言葉に置き換えるとどのような言葉になるでしょうか。自分が選んだ言葉と、なぜその言葉を選んだのかについてグループで話し合ってみましょう。

② 保育実習などの中で自分が考えていることと子どもが考えていることが違ったという事例を思い浮かべてみましょう。なぜそのような違いが生じたのか、自分の立場と子どもの立場の双方から考えてみましょう。

MEMO

（5） ふりかえり

本節では、保育者に必要な専門的な力について説明してきました。ここで、簡単にふりかえりをしておきましょう。

保育に関する知識・技術

指定保育士養成施設で学ぶ科目は、4つの系列があります。「保育の本質・目的に関する科目」「保育の対象の理解に関する科目」「保育の内容・方法に関する科目」「保育実習」です。これらの科目の目標をつねに意識して学ぶようにしましょう。

保護者の子育て支援に関する知識・技術

保育者は子どもとの関わりだけではなく、保護者の子育て支援にも関わることになります。保護者の働き方や家庭環境は多様化していることから、これまで以上に保護者の子育て支援が重要になります。また、そのため、保育者は社会資源と連携・協働する必要があります。保育所保育や幼稚園教育だけではなく、地域の中にどのような子育て支援の機関や団体、制度やサービスがあるかについて学ぶようにしましょう。

3法令

3法令とは「保育所保育指針」「幼稚園教育要領」「幼保連携型認定こども園教育・保育要領」のことです。3法令はさまざまな授業や教科書で取り上げられます。保育者として保育や教育をする際は3法令に従う必要がありますので、しっかり学ぶようにしましょう。

人間性

保育者のあらゆる言動にはその人間性が表れます。そのため、保育や保護者の子育て支援に関する知識や技術を学ぶだけではなく、日々の言動に注意を払い、みなさん自身の人間性を高めることが何より大切です。

2.2 保育士になるための道のり

　本節では、「保育士になるための道のり」について学びます。保育士として働くためには保育士資格を取得するだけではなく、保育士登録が必要となります。そのため、保育士資格を取得する方法だけではなく、保育士登録するまで理解する必要があります。

（1）　保育士資格

　まず、「児童福祉法」では保育士についてどのように示されているか理解していきましょう。

> 児童福祉法

　保育士については「児童福祉法」に規定されています。「児童福祉法」とは、福祉に関する理念や目的を規定した法律です。「児童福祉法」は、保育士や保育所に関するあらゆる規定の中でもっとも上位にあります。そのため、「児童福祉施設の設備および運営に関する基準」や「保育所保育指針」は「児童福祉法」の理念や目的を具体化したものとなります。

　なお、幼稚園教諭や幼稚園については、「学校教育法」がもっとも上位の法律となります。「学校教育法施行規則」や「幼稚園教育要領」は「学校教育法」の理念や目的を具体化したものとなります。

> 保育士登録

　保育士については「児童福祉法」の「第1章　総則」の「第7節　保育士」に規定されています。順番に確認してみましょう。

第十八条の四　この法律で、保育士とは、第十八条の十八第一項の登録を受け、保育士の名称を用いて、専門的知識及び技術をもつて、児童の保育及び児童の保護者に対する保育に関する指導を行うことを業とする者をいう。

　この条文は保育士の定義を示しています。「第十八条の十八第一項の登録を受け」とあるように、保育士として働くためには登録が必要です。では、「第十八条の十八第一項」とはどのような規定でしょうか。

第十八条の十八　保育士となる資格を有する者が保育士となるには、保育士登録簿に、氏名、生年月日その他厚生労働省令で定める事項の登録を受けなければならない。

　この条文は保育士の登録について示しています。氏名や生年月日を登録する必要があります。以下は、保育士登録について具体的に示した規定です。

第十八条の十八　②保育士登録簿は、都道府県に備える。③都道府県知事は、保育士の登録をしたときは、申請者に第一項に規定する事項を記載した保育士登録証を交付する。

　保育士登録の申請は都道府県に行い、登録後は保育士登録証（保育士証）が交付されます（次頁写真）。このように、保育士として働くためには保育士（保母）資格証明書だけではなく、保育士証が必要となります。保育士を登録する制度（保育士登録制度）は、「児童福祉法」が2003年に改正されてから始まりました。保育士（保育）の社会的な重要性が高まったことが背景にあります。

第十八条の二十三　保育士でない者は、保育士又はこれに紛らわしい名称を使用してはならない。

この条文は、保育士の名称使用の制限を示しています（名称独占資格）。「児童福祉法」の改正によって保育士登録制度が規定されたことで、保育士の名称使用が制限されるようになりました。

登録の取り消し

保育士登録制度は、保育士の社会的な重要性が高まってきたことから規定されました。保育士が社会的に重要であるということは、その責任も大きいということでもあります。それゆえに、責任を果たせないという場合は保育士登録が取り消されることがあります。

第十八条の十九　都道府県知事は、保育士が次の各号のいずれかに該当する場合には、その登録を取り消さなければならない。
一　第十八条の五各号（第四号を除く。）のいずれかに該当するに至つた場合
二　虚偽又は不正の事実に基づいて登録を受けた場合
②都道府県知事は、保育士が第十八条の二十一又は第十八条の二十二の規定に違反したときは、その登録を取り消し、又は期間を定めて保育士の名称の使用の停止を命ずることができる。

この条文は、保育士登録の取り消し事由を示しています。この条文に該当すると、保育士登録が取り消されることになります。

条文内の「第十八条の五各号（第四号を除く。）」とは以下の規定です。

第十八条の五　次の各号のいずれかに該当する者は、保育士となることができない。

一　心身の故障により保育士の業務を適正に行うことができない者として厚生労働省令で定めるもの

二　禁錮以上の刑に処せられ、その執行を終わり、又は執行を受けることがなくなつた日から起算して二年を経過しない者

三　この法律の規定その他児童の福祉に関する法律の規定であつて政令で定めるものにより、罰金の刑に処せられ、その執行を終わり、又は執行を受けることがなくなつた日から起算して二年を経過しない者

五　国家戦略特別区域法（平成二十五年法律第百七号）第十二条の五第八項において準用する第十八条の十九第一項第二号又は第二項の規定により登録を取り消され、その取消しの日から起算して二年を経過しない者

　これらの条文は、保育士登録ができなくなる欠格事由を示しています。これらに該当すると保育士として働くことができません。

　また、「第十八条の二十一または第十八条の二十二」とは以下の規定です。

第十八条の二十一　保育士は、保育士の信用を傷つけるような行為をしてはならない。

第十八条の二十二　保育士は、正当な理由がなく、その業務に関して知り得た人の秘密を漏らしてはならない。保育士でなくなつた後においても、同様とする。

　これらの条文は、信用失墜行為の禁止（第十八条の二十一）、秘密保持の義務（第十八条の二十二）を示しています。

　すでに説明したように、保育士は名称使用の制限があり、社会的に重要な役割を果たしています。一人の保育士が保育士の信頼を失墜するような言動をすると、保育士全体の信頼を失墜することになります。それゆえに、保育士として働く際には、自分の言動が保育士全体の信頼につながっているという自覚をもつ必要があります。

また、保育士は、子どもや家庭に関するさまざまな情報にふれる機会が多くあります。こうした情報がインターネットなどの外部に漏れてしまうと、完全に取り消すことができなくなります。だからこそ、情報の管理を徹底して、情報が漏れないようにすることは保育士としての重要な責務となります。

●ふりかえり問題

①　保母や保父と言われていた時代と「児童福祉法」に保育士が規定された時代の保育や子育てに関する状況を比較して、なぜ保育士として規定されたのかを考えてみましょう。

②　保育士登録が取り消された事例を調べ、どのような行為がどの条文に該当したから保育士登録が取り消されたのかを考えてみましょう。また、全国保育士会の「全国保育士会倫理綱領」を調べてみましょう。

MEMO

（2）保育士資格を得る道のり

　保育士として働くために、まず保育士資格を取得しなくてはなりません。ここでは、保育士資格を取得する方法について学びましょう。

保育士資格の取得方法

「児童福祉法」には、保育士資格を取得する方法が二つ規定されています。

> 　第十八条の六　次の各号のいずれかに該当する者は、保育士となる資格を有する。
> 一　都道府県知事の指定する保育士を養成する学校その他の施設（以下「指定保育士養成施設」という。）を卒業した者（学校教育法に基づく専門職大学の前期課程を修了した者を含む。）
> 二　保育士試験に合格した者

　この条文から、保育士資格を取得する方法として、一つは大学や短期大学のような指定保育士養成施設を卒業する、もう一つは保育士試験に合格するというように、二つの方法があることがわかります。指定保育士養成校を卒業する方法については「指定保育士養成施設の指定及び運営の基準について」（厚生労働省）、保育士試験に合格する方法については一般社団法人全国保育士養成協議会のホームページ（https://www.hoyokyo.or.jp/exam/）に詳細が示されています。

指定保育士養成校を卒業する方法

　指定保育士養成施設で学ぶ科目には、4つの系列があります（出所：厚生労働省「指定保育士養成施設の指定及び運営の基準について」）（p.98参照）。まず、「保育原理」や「教育原理」のような「保育の本質・目的に関する科目」です。次に、「保育の心理学」や「子どもの理解と援助」のような「保育の対象の理解に関する科目」です。また、「保育の計画と評価」や「保育内容総論」のような「保育の内容・方法に関する科目」です。最後に、「保育実習Ⅰ」のような「保育実

習」です。

　では、指定保育士養成校を卒業する方法のメリットとデメリットとは何でしょうか。

①メリット

　まず、同じ目標をめざす仲間ができます。こうした仲間が身近なところにいることで、保育について議論したり将来の夢について語り合ったりすることができます。授業や保育実習でつらい気持ちになった際も、同じ境遇にいる仲間から励ましてもらったり支援してもらったりすることで、一人では乗り越えられなかったことでも乗り越えることができます。

　次に、専門家から学ぶことができます。大学や短期大学にはそれぞれの分野の専門家がいます。保育方法、子育て・家庭支援、子どもの心理などの専門的な知識と技術をもった専門家から学ぶことで、みなさんは適切な知識や技術を身につけることができます。現代は情報社会です。インターネット上にはたくさんの情報がありますが玉石混交です。だからこそ、大学や短期大学でそれぞれの分野の専門家から学ぶことで、適切な知識や技術を身につけることができるのです。

　最後に、保育実習を経験できます。保育実習では、保育所で実際に保育を行います。大学や短期大学の授業からさまざまな知識や技術を身につけることができますが、実際にそれらを使ってみることで、いっそう確かなものにすることができます。保育実習を通して保育士になる前に実際の保育の経験を積んでおくことで、保育士になった際も自信をもって保育をすることができるようになります。

②デメリット

　まず、保育士資格の取得までに時間がかかります。指定保育士養成校を卒業することで保育士資格を取得するのですから、大学だと4年、短期大学だと2年（3年ということもあります）の時間がかかります。ですが、こうした時間を長いと考えるのではなく、保育についてじっくり考える時間があると理解すると、かならずしもデメリットとはいえなくなります。

　次に、経済的に大きな負担があります。大学や短期大学では入学金や授業料などで300万から500万円程度かかります（夜間コースだと200万円程度ということもあります）。保育士試験を受験する場合と比べると、経済的な負担が大きくなっています。ですが、現在はさまざまな種類の奨学金や給付金があります。たとえば、埼玉県では保育士修学資金等貸付事業があります。学費などの貸し付けを受けたとしても、埼玉県内の保育所などで保育士として5年以上働くことで返済が

免除されます。こうした方法によって、経済的な負担を軽減することができます。

保育士試験に合格する方法

保育士試験は、筆記試験と実技試験があります（p.13参照）。筆記試験は、「保育原理」「教育原理および社会的養護」「子ども家庭福祉」「社会福祉」「保育の心理学」「子どもの保健」「子どもの食と栄養」「保育実習理論」があります。

実技試験は、「音楽に関する技術」「造形に関する技術」「言語に関する技術」から2つ選択して受験します。

では、保育士試験に合格する方法のメリットとデメリットとは何でしょうか。

①メリット

保育士資格の取得までの時間や経済的な負担を減らすことができます。保育士試験の受験料は12,950円ですから（出所：一般社団法人全国保育士養成協議会「令和2年保育士試験受験申請の手引き［後期用］」）、受験勉強のために予備校に通うとしても、大学や短期大学の入学金や授業料と比べると経済的な負担はかなり軽減されます。

②デメリット

まず、同じ目標をめざす仲間との出会いや専門家から学ぶ機会があまりありません。ですが、最近では保育士試験の受験者が集まるSNS上のコミュニティや受験勉強のための予備校もありますので、仲間や専門家から学ぶ機会も得られるようになりつつあります。

次に、保育士試験の難易度が高まっています。保育士試験の合格率は約20%といわれており、受験すれば簡単に合格するという試験ではありません。また、「教育原理」と「社会的養護」は同時に合格する必要があり、十分な試験対策が必要となります。

●ふりかえり問題

① みなさんが住んでいる自治体のホームページなどから、大学や短期大学の入学金や授業料を軽減する方法について調べてみましょう。

② 保育士試験の科目から一つ選んで、過去に出題された問題に挑戦してみましょう。

MEMO

（3） 保育実習・施設実習

指定保育士養成施設を卒業することで保育士資格を取得する場合、保育実習・施設実習が必要になります。ここでは、これらの実習について理解しましょう。

実習種別

指定保育士養成施設の実習には、3つの種類があります。

①保育実習Ⅰ

保育実習Ⅰは必修科目であり、単位数は4単位です。4単位のうち、2単位が保育所実習、2単位が施設実習となっています。ですから、保育実習Ⅰの単位認定には、保育所での実習と乳児院や障害児入所施設での実習の両方を終えることが求められます。また、実習日数はおおむね20日となっています。20日は、保育所実習と施設実習をあわせた日数です。たとえば、秋草学園短期大学では、保育実習は12日、施設実習は11日となっています。「おおむね」とあるように、実習日数は大学や短期大学によって異なります。

②保育実習Ⅱ

保育実習Ⅱは選択必修科目であり、単位数は2単位です。保育実習Ⅱは保育所での実習となります。実習日数はおおむね10日となっています。

③保育実習Ⅲ

保育実習Ⅲは選択必修科目であり、単位数は2単位です。保育実習Ⅲは乳児院や障害児入所施設での実習となります。実習日数はおおむね10日となっています。保育実習Ⅱと保育実習Ⅲはどちらか一方を選択することになります。

保育実習Ⅰ（保育所実習）と保育実習Ⅱでは、保育所以外にも幼保連携型認定こども園や小規模保育（A型、B型）での実習も認められています。保育実習Ⅰ（施設実習）と保育実習Ⅲでは、児童厚生施設や児童発達支援センターでの実習も認められています。

また、実習の時期は、原則として、修業年限が2年の指定保育士養成施設では第2学年の期間内、修業年限が3年以上の指定保育士養成施設では第3学年以降

の期間内とするとされています。実際は、大学や短期大学によって異なります。

実習内容

　保育実習Ⅰ、保育実習Ⅱ、保育実習Ⅲそれぞれで目標や内容が異なります。ここでは、保育実習Ⅰ（保育所実習）の目標と内容を紹介します。

〈目標〉
　1．保育所、児童福祉施設等の役割や機能を具体的に理解する。
　2．観察や子どもとの関わりを通して子どもへの理解を深める。
　3．既習の教科目の内容を踏まえ、子どもの保育及び保護者への支援について総合的に理解する。
　4．保育の計画・観察・記録及び自己評価等について具体的に理解する。
　5．保育士の業務内容や職業倫理について具体的に理解する。
〈内容〉
　1．保育所の役割と機能
　（1）保育所における子どもの生活と保育士の援助や関わり
　（2）保育所保育指針に基づく保育の展開
　2．子どもの理解
　（1）子どもの観察とその記録による理解
　（2）子どもの発達過程の理解
　（3）子どもへの援助や関わり
　3．保育内容・保育環境
　（1）保育の計画に基づく保育内容
　（2）子どもの発達過程に応じた保育内容
　（3）子どもの生活や遊びと保育環境
　（4）子どもの健康と安全
　4．保育の計画・観察・記録
　（1）全体的な計画と指導計画及び評価の理解
　（2）記録に基づく省察・自己評価
　5．専門職としての保育士の役割と職業倫理
　（1）保育士の業務内容
　（2）職員間の役割分担や連携・協働
　（3）保育士の役割と職業倫理

出所：厚生労働省「指定保育士養成施設の指定及び運営の基準について」

これらの目標や内容は実習課題を考える際も役立ちますので、しっかり理解しておきましょう（参考：浅井拓久也『パターンと練習問題でだれでも書けるようになる！保育実習日誌・指導案』，明治図書出版，2020）。

また、実習前（後）には事前（後）指導、実習中には訪問指導（実習期間中に教員が実習施設を訪問してみなさんの悩みや相談に応じること）があります。こうした指導を通して、実習の目標や内容を達成できるようにします。

実習方法

実習方法は、観察実習、参加実習、部分・責任実習があります。

観察実習は、みなさんが保育を実際に行うのではなく、子どもや保育士の言動を見て学ぶ実習です。

参加実習は、子どもの遊びに参加したり保育士の行う保育の補助をしたりすることで学ぶ実習です。観察実習や参加実習では、子どもの興味や関心、保育者の言動の背景や理由を考えるようにしましょう。

部分・責任実習は保育者の保育の一部や全部をみなさんが行うことで学ぶ実習です。部分・責任実習では保育の計画をまとめた指導案を作成します。指導案は、観察実習や参加実習で学んだことやその際に作成した実習日誌をふまえて作成しましょう。

なお、観察実習、参加実習、部分・責任実習は教育実習でも同様に行います（p.135参照）。

●ふりかえり問題

① みなさんが所属する大学や短期大学のシラバスを使って、保育実習Ⅰ、保育実習Ⅱ、保育実習Ⅲの実習日数や時期、目標と内容を確認してみましょう。

② みなさんが所属する大学や短期大学の実習指導案や実習日誌の様式を確認してみましょう。保育実習Ⅰ、保育実習Ⅱ、保育実習Ⅲそれぞれの様式を比較して、どこがなぜ違うのかを考えてみましょう。

（4）　保育実習の事例：山口芸術短期大学のケース

　国家資格である保育士資格を取得する道のりについて、山口芸術短期大学保育学科幼児教育コースを事例に具体的に見ていきましょう。実習関連カリキュラムは大きく分けて2つあります。見学実習と資格に係る実習（いわゆる「本実習」「正規の実習」）です。

　山口芸術短期大学では、5月中旬には初めての見学実習が予定されていますので、入学したらすぐに実習の指導が始まります。姉妹校である亀山幼稚園での1日見学実習に備えて、準備物（名札、実習着、帽子、水筒など）、実習に関するマナーや態度、およびその他の留意点について現場で学びます。

　実習先での1日の流れを理解したら、次は保育所2日間見学実習です。前回の実習よりも一クラスあたりの実習生は少なくなり、園児や保育者との関わりがより密接になります。造形や言葉の授業で制作・練習したことを実践する最初の第一歩です。保育所の一日の流れを学び、幼稚園との違いを理解します。

　1年次の夏休みに行われる課題実習では、自分が興味をもっている保育所に実習に行きます。地域の園との関係ができる大事なスタートです。電話での実習依頼の仕方、保育者としてふさわしい言葉遣いなどを理解し、実習希望園に直接電話します。固定電話が少なくなっている現在、園の先生方とお話するのは非常に緊張するようですが、これも社会人になるためのステップです。1～2園、保育所に実習に行く学生が多いです。

　後期に入ると、施設1日見学実習への準備が始まります。これは、2年次夏休みの保育実習I（施設）および保育実習IIIの準備をするためのものです。施設での一日の流れを理解し、菓子箱作りなどの作業やゲームなどのレクリエーションを通して利用者と関わり、障害者施設についての理解を深めます。

　11月に入ると、保育実習I（保育所）の事前準備を始めます。オリエンテーションで園と打ち合わせる事柄、実習日誌の書き方、保育指導案の書き方、エピソードの書き方、保育所実習で気をつけるべきことなどを一つひとつ学びます。冬休み中に実習園のオリエンテーションに参加します。なかには、設定保育のための指導計画を書きはじめる学生もいます。

　2月に入るといよいよ正規の実習（保育所）です。10日間実習を無事に終えられるかどうか大きな不安を抱えながらも、子どもたちとの楽しい時間に胸を躍らせてのスタートです。毎日の実習日誌の記入、初めての設定保育など、緊張と疲れの連続です。保育所ですので、早朝保育や夕方の延長保育を経験する学生もい

ます。その場合、正規職員と同様に勤務時間・退勤時間が変更になることもあります。勤務時間が変わる場合には、寝坊や遅刻がないように早めに就寝するなどスケジュール管理が重要です。また、一番寒い時期ですので、インフルエンザ感染予防対策、またコロナ感染予防対策を万全にします。10日間を終えると、学生たちは保育者らしい凛とした表情に変わります。10日間を乗り越えられた自信と子どもたちとの深い関わりによって、人間的に大きく成長するのでしょう。

　山口芸術短期大学では2年次に上がるときに、保育実習IIまたは保育実習IIIの選択をします。ほとんどの学生が保育実習IIを選択しています。p.139の図表2-6にあるように、すべての見学実習を経験してから正規の実習が始まる関係で、2年次は正規の実習が連続して計画されており大変忙しいです。

　2年次の夏休みに、保育実習IIを選択した学生は、保育所で10日間、施設実習（保育実習I）で10日間実習します。保育実習IIIを選択した学生は、2施設各10日間実習します。施設実習の場合には、通所による実習（多くは平日のみ。2週間の予定）と宿泊による実習（連続10日間）にわかれます。施設実習の準備として、障害者スポーツ大会の手伝い、施設職員による特別講義が予定されています。卒業生の実習報告書を参考に、施設実習に備えます。

　山口芸術短期大学における保育実習指導の特色は、保育実習I（保育所）が終わった4月と保育実習IIおよび保育実習I・III（施設）が終わった9月に事後指導の一環で実習川柳を詠んでいることです。実習内容をふりかえり、今度の課題を明確にする自己分析と合わせて、実習に関するさまざまな自分の思いや経験を率直に川柳にします。詠んだ川柳を今度はグループになって詠み合わせます。学生同士が楽しく実習を振り返ることができる時間です。実習川柳の感想から、つらかったと思っていた施設実習が川柳にして思い返してみると、とても充実していた実習だったと思えたり、保育所での子どもたちとの楽しい時間が改めて思い出されたりするようです。共に成長できたことを喜び合える時間です。

　2年生後期の「保育実習指導I・II・III」の中では、実習川柳に加えてエピソードも書きます。夏休み中の実習の中で遭遇した子どもとの印象的な場面をエピソードに書き起こし、卒業文集のように、全員分を一つの冊子にします。教員もグループに加わり、エピソードの中の子どもや保育者の援助を考えながら、2年間成長した自分たちを実感する時間にもなっています。なお、保育実習指導における実習川柳の活用については、山根 望・山本朗登「保育実習指導に関する一考察―保育実習に関する川柳作成およびその教育的効果について―」，2019，山口芸術短期大学紀要，第51巻，p.153-168を参照してください。

（5） ふりかえり

本節では、「保育士になるための道のり」について説明してきました。ここで、簡単にふりかえりをしておきましょう。

保育士資格

保育士は「児童福祉法」に規定されています。保育士として働くためには保育士資格を取得するだけではなく、保育士登録の申請を都道府県に行い、保育士登録証（保育士証）を交付されることが必要になります。また、保育士の名称は制限されており、信用失墜行為や秘密漏洩などの一定の事由に該当すると保育士登録が取り消されることがあります。

保育士資格を得る道のり

保育士資格を取得するためには、大学や短期大学のような指定保育士養成施設を卒業するか、保育士試験に合格するかのどちらかが必要になります。指定保育士養成施設を卒業する方法を選択する場合は、「保育の本質・目的に関する科目」、「保育の対象の理解に関する科目」、「保育の内容・方法に関する科目」、「保育実習」の4つの系列を学ぶことになります。

保育士試験に合格する方法を選択する場合は、筆記試験と実技試験の両方に合格する必要があります。どちらの方法もメリットとデメリットがありますが、近年はデメリットを軽減する方法も多様にあります。

保育実習・施設実習

指定保育士養成施設を卒業する方法を選択する場合は、保育実習・施設実習が必要になります。具体的には、保育実習Ⅰ（保育所実習、施設実習）、保育実習Ⅱ（保育所実習）の保育実習Ⅲ（施設実習）です。保育実習Ⅰは必修科目ですが、保育実習Ⅱと保育実習Ⅲは選択必修科目ですから、どちら一つを選択します。実習日数や時期は大学や短期大学それぞれで異なります。実習方法は観察実習、参加実習、部分・責任実習があります。

2.3 幼稚園教諭に なるための道のり

　幼稚園で働く幼稚園の先生、つまり幼稚園教諭になるためには何が必要なのでしょうか。どのような過程や学びが必要なのでしょうか。ここでは、幼稚園教諭になる道のり、そして認定こども園で働く保育教諭になる道のりについても学んでいきます。

（1）幼稚園教諭免許状

幼稚園教諭免許とは

　幼稚園は、学校教育法にもとづく保育・幼児教育施設です。文部科学省が小学校や中学校、高校と同ように管轄している学校の一つです。各都道府県が認可して、指導を担当する施設です。

　こうした学校で働く「先生」は「教諭」となります。小学校の先生は、小学校教諭といい、中学校の先生は中学校教諭、高校の先生は高校教諭といいます。これらの「教諭」として働くために、「教員免許」が必要になります。つまり、「教諭免許状」です。幼稚園は、先ほど述べたように、小学校や中学校、高校と同様に学校であり、幼稚園の先生は、小学校や中学校、高校などと同じ学校で働く「先生」なので、教員免許が必要になります。幼稚園の先生なので、幼稚園教諭といい、幼稚園教諭免許状が必要になるというわけです。

幼稚園教諭免許状の種類と免許状取得方法

　幼稚園教諭免許状には、図表2-1に示したように３つの種類があります。また、それぞれの免許状を取得する方法や場は異なるので表で確認しましょう。

図表2-1　幼稚園教諭免許状の種類

幼稚園教諭2種免許状 （短大卒業程度）	幼稚園教諭1種免許状 （大学卒業程度）	幼稚園教諭専修免許状 （修士課程修了程度）
文部科学省が認めている幼稚園教諭を養成する教育課程がある短期大学・大学短期大学部、専門学校学校にて、必要な単位を取得して卒業すると得ることができる	文部科学省が認めている幼稚園教諭を養成する教育課程がある大学または、短期大学専攻科にて、必要な単位を取得して卒業すると得ることができる	文部科学省が認めている幼稚園教諭を養成する教育課程がある大学院修士課程にて必要な単位を取得すると得ることができる

図表2-2　幼稚園教諭2種免許状から1種免許状を取得する方法

幼稚園教諭2種免許状　➡　幼稚園教諭1種免許状

方法1　大学に入り直す。編入生として3年生から入学して1種免許に必要な単位を取得する

方法2　①幼稚園教諭として実務経験が5年以上ある（ただし、産休や育休の間は5年間に含まれません）②教育委員会や大学などが開講する「免許法認定講習・公開講座・通信教育」を受講して、必要な単位を取得する

　また、最初に幼稚園教諭2種免許状を取得し、幼稚園教諭とし就職してから1種免許状を取得したいと考えたときには、図表2-2のような方法で取得できます。
　保育士資格を取得している場合は、保育士の実務経験が3年以上あり、幼稚園教員資格認定試験を受けて、合格すると幼稚園教諭2種免許状を取得できます。

> 事例：キャリアアップ!

　短大で2種免許状を取得してX幼稚園に勤務しているA先生。園生活や保育者としての仕事にも慣れてきました。また、後輩ができて、自分が指導することも多くなってきました。そこで、自分ももっと学んでキャリアアップしていこうと思い、1種免許状を取得することにしました。
　しかし、仕事を辞めて大学に編入するのは経済的に負担であり、また今の幼稚園を辞めることになってしまうのでむずかしいと考えていました。そこで、働きながら大学の通信教育で「学士」（大卒）と「1種免許状」を取得する方法にしました。通信教育なので、普段は大学に通う必要がなく、仕事が終わってから家でレポートを作成したり、テキストを読んだりして学びます。夏休みなどの長期休暇には直接大学に通って授業を受け（「スクーリング」といいます）、単位を取得しました。久しぶりの大学での授業は新鮮でした。学んだことがすぐに自分の実践に生かすことができることがとてもうれしかったようです。仕事と勉強の両立は

大変でしたが、時間の使い方が上手になり、効率よく生活できるようになりました。こうして1種免許状を取得し、幼稚園教育としてキャリアアップできました。何より、幼稚園教育に対する理解が深まり、さらに自分の実践が楽しくなって、自信もつきました。

●ふりかえり問題

① なぜ幼稚園教諭には教諭免許状が必要なのでしょうか。これまでの学びを整理しながら説明してみましょう。

② 幼稚園教諭免許状の3つの種類とそれぞれの免許状の取得方法を整理して説明してみましょう。

MEMO

（2） 幼稚園教諭免許状を得る道のり

　幼稚園教諭になるためには、幼稚園教諭免許状が必要であると説明してきました。では、具体的にどのような科目を学ぶ必要があるのでしょうか。ここでは、幼稚園教諭免許状を取得するための工程について学んでいきます。

必要な単位と科目

　幼稚園教諭免許状の取得に必要な単位と科目は、図表2-3の通りです。

　教科に関する科目を取得する方法は、小学校の科目について取得するものとし、国語、算数、生活、音楽、図画工作および体育の教科に関する科目のうち1以上の科目を取得することになります。家庭科（免許科目）には保育学（実習を含む）などがあります。

図表2-3　教員免許状取得に必要な科目の単位数

免許状の種類	所要資格	基礎資格	最低取得単位数				
			教科に関する科目	教職に関する科目	教科または教職に関する科目	その他（注）	合計
幼稚園教諭	専修免許状	修士の学位	6	35	34	8	83
	一種免許状	学士の学位	6	35	10	8	53
	二種免許状	短期大学士の学位	4	27		8	39

（注）その他の科目は日本国憲法、体育、外国語コミュニケーション、情報機器の操作である。
出所：文部科学省「教員免許状取得に係る必要単位数などの概要」（一部抜粋）

教職に関する科目の取得方法

　図表2-4は、教職に関する科目について整理したものです。

　教職に関する科目には、「教職の意義等に関する科目」「教育の基礎理論に関する科目」「教職課程及び指導法の関する科目」「生徒指導・教育相談及び進路指導に関する科目」の4つの群と、さらに「教育実習（5単位）」「教職実践演習（2単位」があります。それぞれ取得する免許状によって単位数も変わります。これらの単位を2年または4年、さらには2年で取得していきます。

図表2-4　教職に関する科目の必要な事項と単位

教職に関する科目	各科目に含めることが必要な事項	幼稚園教諭		
		専修免許状	一種免許状	二種免許状
教職の意義等に関する科目	教職の意義及び役割	2	2	2
	教員の職務内容（研修、服務及び身分保障等を含む）			
	進路選択に資する各種の機会の提供等			
教育の基礎理論に関する科目	教育の理念並びに教育に関する歴史及び思想	6	6	4
	幼児・児童及び生徒の発達及び学習の課程（障害のある幼児、児童及び生徒の心身の発達及び学習の課程を含む）			
	教育に関する社会的、制度的又は経営的事項			
教職課程及び指導法に関する科目	教育課程の意義及び編成の方法	18	18	12
	保育内容の指導法			
	教育の方法及び技術（情報機器及び教材の活用を含む）			
生徒指導・教育相談及び進路指導に関する科目	幼児理解の理論及び方法	2	2	2
	教育相談（カウンセリングに関する基礎的な知識を含む）の理論及び方法			

出所：文部科学省「教員免許状取得に係る必要単位数等の概要」（一部抜粋）

　具体的な科目として、たとえば「保育内容の指導法」ならば、「保育内容・健康」「保育内容・人間関係」「保育内容・環境」「保育内容・言葉」「保育内容・表現」の５領域の分野が該当します。また、「保育者論」「保育方法論」などの授業が該当します。科目の名称については養成校によって多少違いがありますので、自分が所属する大学（短大）のシラバスを確認してみましょう。

幼稚園教諭免許状申請について

　免許状を取得するためには、都道府県の教育委員会に申請する必要があります。申請の方法は大きく分けて、個人申請と一括申請があります。

　教職課程をもっている大学などで教職に必要な単位を取得した場合は、提出に必要な書類を作成して、大学で一括申請を行うのが一般的です。必要な書類とは、「教育職員免許状授与申請書」「取得済み免許状確認書」「戸籍関係書類」などです。大学などでの一括申請の場合は、卒業先の大学などに免許状が届き、大学で受けとります。

個人申請の場合は、さらに必要な書類があり、それらを都道府県の教育委員会に提出します。そして、約5週間後に免許状を受けとることができます。なお、申請には申請手数料がかかります。また、p.130の事例のA先生のように、2種免許状から1種免許状を取得した場合は、2種免許状が基礎免許状となり、その免許状のコピーを提出します。とくに、個人申請の場合は、申請ができない期間もありますので注意が必要です。また、単位の取得方法の相違によって必要な書類も変わりますので、かならず都道府県の教育委員会に確認してから手続きを行うようにしましょう。

●ふりかえり問題

① 自分が所属している養成校で幼稚園教諭免許状を取得するための教育課程に該当する科目名を調べて整理してみましょう。

② 幼稚園教諭免許状の申請と保育資格証の申請を比較し、それぞれの特徴を整理してみましょう。

MEMO

（3） 教育実習

　幼稚園教諭免許状を取得するためには、教育実習が必要となります。ここでは、教育実習について意義や概要を学びます。

1．教育実習の意義と概要

　教育実習については、文部科学省の教員養成の仕組みにおいて、「学校現場での教育実践を通じて、学生自らが教職への適性や進路を考える貴重な機会であり、教員免許状の取得には大学において教育実習の科目を修得することが必要」と示されています（出所：文部科学省「教員の養成および免許制度に関する基礎資料」）。つまり、実習は、大学などで学んだ理論をふまえ、自分が幼稚園の現場経験をすることで、幼稚園教諭の役割などを学ぶだけではなく、自身の適性を考える場でもあるのです。

　幼稚園教諭免許においては、教育実習の必要な単位は5単位（事前事後指導1単位を含む）です。教育実習期間は4週間程度となっています。実施の仕方は、一度の実習で4週間行う、2週間ずつ2回に分ける、1週間と3週間の2回に分けて行うなど、養成校のカリキュラムによって実習期間や時期は異なります。一例として、山口芸術短期大学の場合を次項にまとめてありますので、自分の大学や短期大学と比べてみましょう。

2．実習の実際について

　実習では、実習の段階や期間によって学びの内容や方法が異なります。以下で具体的に説明していきます。

●実習形態

　教育実習には、図表2-5のように大きく3つの実習形態があります。

図表2-5　実習形態

①観察実習	②参加実習	③部分・責任実習

①観察実習

　観察実習とは、直接保育には入らず、幼稚園の保育室や園庭などで子どもや保育者の様子を見る実習です。この形態は、初めての実習で行われる方法です。

　たとえば、子どもと保育者が園庭で鬼ごっこをしています。観察実習の場合は、その鬼ごっこに実習生は参加せず、子どもと保育者が鬼ごっこをしている様子をその近くで見ます。また、保育室で、保育者が子どもの前で、子どもと一緒に手遊びをします。実習生は子どもが集まっている後ろのほうに、少し距離を置いて座り、その様子を見ます。観察の方法は、子どもの動線に気をつけながら、できるだけ座って見るようにします。その際、観察の様子を記録する場合は、さりげなく記録しましょう。観察実習でしっかり観察することにより、園生活の流れや子どもと保育者の関わりをとらえることができます。

②参加実習

　参加実習とは、先ほどの鬼ごっこの例の場合、子どもと保育者が一緒に鬼ごっこをするような、みなさんも保育に参加する実習です。保育者が子どもを誘って手遊びをするときに、子どもと一緒に保育者のほうを見て手遊びをします。このように、園生活に参加し、子どもや保育者と一緒に過ごします。一緒に生活することにより、保育の実際を自分も経験し、具体的な保育内容や園生活の流れの理解を深めることができます。参加実習の場合は、子どもと一緒に活動しているときは記録がとれませんので、記録をするタイミングに工夫をしましょう。

③部分・責任実習

　部分・責任実習とは、保育の一部（部分実習）、または1日（責任実習）をみなさんが担う実習です。たとえば、保育者の代わりにみなさんが子どもの前に立ち手遊びを行ったり、保育者の代わりにピアノを弾いて子どもと歌ったり、製作をしたりなどします。また、昼食の前のあいさつ、帰りの会などを行うこともあります。初めての実習では、短時間で行う部分実習を経験します。実習後半や2回目の実習で責任実習を行うことが多いでしょう。また、部分・責任実習を行う際は、観察実習や参加実習で作成した記録をもとにして指導案を作成します。

3．実習での学び

　実習では、以下のようにさまざまなところから学びが得られます。

●実習日誌などの記録からの学び

　実習には、「実習日誌」という実習中の子どもや保育者の言動をまとめる記録があります。毎日、実習終了後、その日の実習をふりかえり記録をします。記録する内容は主に３つあります。一つは、その日一日の流れに即して、子どもの姿、保育者の姿、また実習生の姿を書きます。時系列を書くことにより、クラスの一日の流れや、場面ごとの保育者の関わりや配慮、子どもの具体的な姿を理解できます。

　また、それぞれの場面における反省や気づきも得られます。二つめは、エピソード記録です。その日の目標につながる場面をエピソードとして取り上げ、その場面で自分は何に気づき、考え、学んだかという考察を書きます。これにより、子ども理解や保育者の援助に対する理解が深まります。最後は、反省と感想です。その日一日の感じたことや全体的な反省を書き、次の日の実習につなげます。

　なお、実習日誌の詳しい書き方は、『パターンと練習問題でだれでも書けるようになる！ 保育実習日誌・指導案』（浅井拓久也編著、明治図書出版、2020）を参考にするとよいでしょう。

●保育者との反省会からの学び

　園の状況にもよりますが、毎日の保育後に、担当の保育者と実習生で反省会を行います。その日の学びや疑問に感じたことなどを話し合い、次の日の実習につなげていきます。また、実習最終日には、園長先生や主任の先生も交えて実習期間の全体反省会を行います。

●事前・事後指導からの学び

　実習を行う前には、事前指導という授業を行います。実習での学び方、必要な書類作成、実習のやり方の具体などの説明を受けます。事後指導は、グループワークなどで仲間と実習を振り返ったり、記録したりして次の実習やその後の学びにつなげていきます。

●ふりかえり問題

①　実習の種類と学びの内容について整理しましょう。

②　みなさんは11月に４歳児クラスで部分実習として絵本を読むことになりました。どのような絵本が適しているかを考えてみましょう。

（4）教育実習の事例：山口芸術短期大学のケース

　国家資格である幼稚園教諭免許状を取得する道のりについて、山口芸術短期大学保育学科幼児教育コースを事例に具体的に見ていきましょう。

　山口芸術短期大学では幼稚園免許状（二種）が取得できます。実習関連カリキュラムは大きく分けて二つあります。見学実習と資格に係る実習（いわゆる「本実習」「正規の実習」）です。各実習の時期については、図表2-6「山口芸術短期大学における実習の一覧」を参照してください。見学実習を含めて正規の教育実習までの道のりを説明します。

　山口芸術短期大学では、5月中旬には初めての見学実習が予定されていますので、入学したらすぐに実習の指導が始まります。姉妹校である亀山幼稚園での一日見学実習に備えて、準備物（名札、実習着、帽子、水筒など）、実習に関するマナーや態度、およびその他の留意点について学びます。この見学実習で初めて子どもたちと実際に関わり、グループ活動として子どもたちが楽しめる自己紹介を企画します。実習では、実習生としてのふさわしいマナーを実践し、反省会での質疑応答のやり方や実習の一日の流れを理解します。

　1年次の夏休みに行われる課題実習では、次年度の正規の実習のために、自分が興味をもっている幼稚園に実習に行く学生がいます。母園である幼稚園に実習をお願いして、懐かしい先生方にごあいさつすることもあるようです。

　夏休み中に地元の幼稚園に見学実習でうかがったり、インターネットなどで情報を集めたりして、夏休み後すぐに正規の実習をお願いしたい幼稚園に電話します。山口芸術短期大学の特色は、教育実習については6月と10月の二期に分けて、同一園で実習をすることです。各実習10日間、合計20日間の実習を電話でまずはお願いします。電話をかけたあとに内諾訪問日として園に正式な実習のお願いにうかがいます。ただし、園の都合やすでに他大学からの実習が予定されていると、実習を断られることになります。実習は簡単にできるわけではないということを痛感する学生もいます。

　1月になると、幼稚園3日間見学実習があります。見学実習とはいえ、1年次に制作したペープサート、パネルシアター、手袋人形などを持参し、実践します。3日間は毎日正規の実習日誌と同じ様式に記入して、正規の実習の準備をします。この3日間を経験すると、2月の保育実習I（保育所）への自信がもてるようになります。

　6月に入るといよいよ正規の実習（教育実習前期）です。2年次前期中に実習

があるので、実習前に授業の課題や小テスト、設定保育の計画作成など大忙しです。幼稚園の通学バスに乗車するため、朝7時過ぎから実習が始まる日もあります。幼稚園の預かり保育を経験させてもらうこともあります。「2時で子どもたちが降園するかと思っていたら、案外夕方まで子どもたちがいて、先生方も忙しくされていました」と感想を述べる学生もいます。幼稚園や家庭の状況を学ぶよい機会になっています。

　夏休みに保育実習I（施設）、保育実習II（保育所）、または保育実習III（施設）が終わると、10月に最後の正規の実習（教育実習後期）があります。10月の実習では、6月の教育実習前期と同じクラスに配属されることが多いようです。4か月で子どもたちが大きく成長した姿を目のあたりにし、子どものもつ可能性や子どもと関わる保育職のすばらしさを改めて理解するようです。最後の正規実習なので、一日保育を任されることも多いです。担任の先生から援助してもらえるとはいえ、登園から降園まで先生として子どもたちの前に立つことは不安と緊張でいっぱいです。しかし、その4か月後には自分自身が担任としてスタートします。この一日保育の実践が大きな自信につながります。

図表2-6　山口芸術短期大学における実習の一覧

実習名	実習の種類	時期	日数
幼稚園1日見学実習	見学	1年5月	1日
保育所2日間見学実習	見学	1年6月	2日
夏休み課題実習	見学	1年8・9月	2〜6日[1]
施設1日見学実習	見学	1年10月	1日
幼稚園3日間見学実習	見学	1年1月	3日
保育実習I（保育所）	正規の実習	1年2月	10日
教育実習（前期）	正規の実習	2年6月	10日
保育実習I（施設）	正規の実習	2年8・9月	10日
保育実習II（保育所）[2]	正規の実習	2年8・9月	10日
保育実習III（施設）[2]	正規の実習	2年8・9月	10日
教育実習（後期）	正規の実習	2年10月	10日

[1]　学生の希望により、保育所および幼稚園に1〜3か所実習に行くので実習期間に個人差がある。
[2]　保育実習IIと保育実習IIIのいずれかを2年次に進級する際に選択する。

（5） 保育教諭

　保育教諭とはどのような資格や免許を持った保育者でしょうか。また、どのような施設に勤務しているのでしょうか。そして、保育教諭になるためには、どのような過程があるのでしょうか。

保育教諭とは

　保育教諭とは、保育士資格と幼稚園教諭免許状の二つを取得している認定こども園に勤務している保育者のことです。ただし、改訂認定こども園報施行後10年間（2015〜2024年）は、資格または免許状を有していればよいという経過措置があります。つまり、この期間でしたら、どちらかを取得していれば認定こども園に保育者として勤務できるということです。そして、どちらかの資格または免許状を有している保育者は、もう片一方の資格または免許状を取得する際に必要な単位数などを軽減するという措置も講じられています（p.13、14参照）。

　少子化が進んでいる現在、とくに地方の幼稚園では、認定こども園に移行する園が増えています。なぜなら、幼児だけでは子どもが集まらないからです。さらに短時間の保育だけでは社会のニーズに対応できません。認定こども園は、乳児からの受け入れや、長時間保育への対応も可能です。そのため、認定こども園の1号認定（幼稚園の時間のみ該当する子ども）の子どものほかに、長時間保育の2号認定の幼児や3号認定の乳児が在籍しています。

　こうした事情から、保育教諭には長時間保育の計画や見通しができることやそのような保育内容に対応できることが求められます。乳児の保育ができることも求められます。また、保育・幼児教育という視点からとらえると、単に長時間子どもを預かるということではなく、より豊かに子どもが育つための専門性も必要となります。さらに、1号認定該当の子どもの保護者、2号認定該当の子どもの保護者など、さまざまな立場の保護者がいますから、それぞれの保護者への適切な対応も求められます。つまり、保育教諭は、保育士の専門性だけではなく、幼稚園教諭の専門性も必要なのです。

保育教諭になるために

　保育教諭になるためには、保育士資格と幼稚園教諭免許状が必要です。保育士

資格を取得するためには、都道府県知事の指定する保育士養成校などの施設を所定の課程を履修したうえで卒業することが必要です。または、保育士試験に合格することが必要になります。幼稚園教諭免許状を取得するためには、幼稚園教諭の教職課程がある大学、短大、専門学校で所定の課程を履修、取得します。どちらも卒業と同時に取得できる養成校で取得するか、あるいは保育士資格か幼稚園教諭免許状のどちらかをまず取得し、その後もう片方を取得することもできます。また、併有を進めるための特例制度も設けられています（p.11参照）。

　取得にあたっての学びとして、まず、子どもの発達の特性や発達の過程を理解することが大切です。そして、園児との信頼関係を十分に築くことや、幼児期の教育における見方・考え方を生かし、その活動が豊かに展開されるよう環境を整えることなどが必要とされているます。ですから、乳幼児期の保育・教育について理解を深めたり実践力を身につけたりしていくことが重要です。

┌─────────────────────────────────────┐
│ 在園期間や時間が異なる多様な園児 │
└─────────────────────────────────────┘

　先に説明したように、認定こども園には多様な子どもがいます。夏休みは通園しない子ども（1号認定児）もいれば、通園する子ども（2号認定児、3号認定児）もいます。このように在園期間や時間が異なる子どもが在園しているため、在園時間や一日の生活リズムの異なる園児が一緒に生活することを念頭に置き、たとえば、活動内容や時間の選択肢を増やすなど、個々の実態に即した生活ができるようにするなどの配慮をする必要があります。

●ふりかえり問題

①　保育教諭の役割はなぜ重要となっていくのでしょうか。現代社会の保育施設に求められていると関係づけて説明してみましょう。

②　保育教諭になるための必要な資格・免許は何ですか。また、保育教諭になるためにはどのような学びが大切でしょうか。

（6）ふりかえり

では、この節の最後にこれまで学んできたことをふりかえりましょう。

幼稚園教諭免許状

　幼稚園は文部科学省管轄の学校に該当します。したがって、幼稚園で働く保育者は先生であり、教諭となります。教諭になるためには、幼稚園教諭免許状を取得しなければなりません。免許状の種類は、幼稚園教諭2種免許状（短大卒業程度）、幼稚園教諭1種免許状（大学卒業程度）、幼稚園教諭専修免許状（修士課程修了程度）となっています。

　また、最初に幼稚園教諭2種免許状を取得し、幼稚園教諭とし就職してから1種免許状を取得することも可能です。編入生として大学3年生から入学し、1種免許に必要な単位を取得したり、幼稚園教諭として実務経験が5年以上あり、教育委員会などの講習を受講して必要な単位を取得したりします。

　さらに、保育士資格を取得している場合は、保育士の実務経験が3年以上あり、幼稚園教員資格認定試験を受け合格すると、幼稚園教諭2種免許状を取得できます。

幼稚園教諭免許状を取得するまでの道のり

　幼稚園教諭免許状を取得するためには、文部科学省から示されている教育課程の単位が必要です。教育課程は、「教科に関する科目」「教職に関する科目」「教科または教職に関する科目」「その他」（日本国憲法、体育、外国語コミュニケーション、情報機器の操作）です。さらに、「教育実習（5単位)」「教職実践演習（2単位」があります。

　単位を取得したら、免許状の申請を行います。申請は都道府県の教育委員会に行います。申請の方法には、大学など養成校での一括申請と自分で教育委員会に直接行う個別申請があります。

教育実習

　教育実習に必要な単位は、5単位（事前事後指導の1単位を含む）です。教育実

習期間は4週間程度となっています。教育実習は、大学などで学んだ理論を実践を通して深めることはもちろん、自分の適性について考える機会でもあります。

実習には、観察実習、参加実習、部分・責任実習の3つの形態があり、段階を踏んで行っていきます。観察実習は保育に参加しないで、子どもや保育者の様子を見て学ぶ実習です。参加実習は保育や子どもの遊びに参加して、子どもの様子や保育者の保育を学ぶ実習です。部分実習は保育の一部を、責任実習は一日の保育のすべてをみなさんが行う実習です。

また、実習では、「実習日誌」という毎日の記録を書きます。実習日誌から主に3つのことが学べます。一つはその日一日の流れに即して書くことで、それぞれの場面における子ども、保育者、実習生の姿を学ぶことができます。二つめは、エピソード記録を書くことで、保育や子どもに対する理解を深めることができます。保育中に見たことを書けばよいではなく、なぜそれが印象的なのか、どこに魅力や課題を感じるのかなど、エピソードを書きながらさまざまな視点から子どもや保育について考えることが重要です。最後は、反省と感想を書くことで、自分の保育を振り返ったり保育者の保育を深く理解したりすることができます。

実習日誌以外には、園の先生との反省会、養成校での事前・事後指導があります。こうした機会を活用して実習に関して学びを深めていきます。

保育教諭とは

保育教諭とは、認定こども園で働く保育者のことです。現段階では、保育教諭という名称の資格や免許はありません。保育士資格と幼稚園教諭免許状をもって認定こども園で働く保育者を指します。ただし、2015～2024年の間は、保育士資格または幼稚園教諭免許状のどちらかを有していればよいという特別な経過措置があります。また、どちらかの資格または免許状を有している保育者は、もう片一方の資格または免許状を取得する際に必要な単位数などを軽減するという措置も講じられています。

認定こども園には、在園期間や時間が異なる多様な園児がいます。そのため、見通しをもった保育を行うことで、子ども間で体験や経験が偏ったり、差異が大きくなったりしないようにするようにしていきます。

コラム オンライン実習の優位性と課題

　新型コロナウイルス感染症の流行によって、多くの大学や短期大学では既存の保育・教育実習が実施できなくなり、ZoomやGoogle Meetなどのアプリを活用したオンラインによる実習（以下、オンライン実習）が検討されています。ここでは、2020年8月に、株式会社明日香が運営するなかよし保育園とともに実施したオンライン実習を紹介します。

　オンライン実習では、実習生や教員は自宅にいながらスマートフォンやパソコンからGoogle Meetを使い参加しました。施設長や教員が指導計画の要点を取り上げ、どの場面に着目し何を考えるべきかを説明しました（写真参照）。その後、保育者が保育室にスマートフォンを持って入り、保育室内の様子を配信し、映像とともに保育者が保育の意図や環境構成について説明したり、教員が適宜質問することで実習生の学びをうながしたりしました。

　オンライン実習には既存の実習にはないさまざまな優位性（良さ）があります。たとえば、オンライン上に教員や友人も参加することができるため、心理的な安心感が得られることです。また、スマートフォンやパソコンでは録画機能やメモ機能が使いやすいため、実習記録やふりかえりが容易になることです。さらに、自宅にいながら実習に参加できるため、体調管理に対する不安が軽減されることです。

　一方で、課題もあります。たとえば、映像で見ているだけで実際に保育ができるようになるのかという不安が残ることです。また、自由に視点を切り替えにくいことから保育室や保育の様子を把握しにくいことです。さらに、画質が悪かったり通信速度制限があったりするなどのデジタル環境に対する不安があります。

　こうしてみると、オンライン実習の優位性は既存の実習の課題を解決しており、既存の実習の優位性はオンライン実習の課題を解決しているという相互補完的な関係になっていることがわかります。そのため、これからの保育・教育実習では、オンライン実習か既存の実習かという二者択一の議論ではなく、双方の優位性を最大限に生かした新しい実習のあり方を模索していく必要があります。

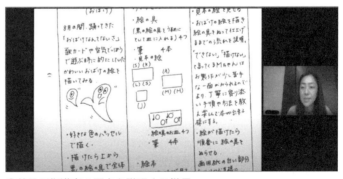

◎教員が指導案の要点を説明する様子

第3章

保育者として成長するとは
どのようなことでしょうか？

3.1 保育所・幼稚園・認定こども園のいまとこれから

　ここでは、日本の保育制度を支える保育所・幼稚園・認定こども園のいまとこれからについて考えていきたいと思います。

（1）　多様な保育所

　保育所は、児童福祉法第39条において「保育を必要とする乳児・幼児を日々保護者の下から通わせて保育を行うことを目的とする」児童福祉施設です。保育士資格取得者の就職先としてもっとも多い保育所についてまず見ていきましょう。

多様な保育所の運営形態

　次の図表3-1のように「保育所」には大きく分けると国が定めた基準を満たし各都道府県などに認可された「認可保育所」と、認可を受けずに保育所と同様の保育事業を行う「認可外保育施設」の二つがあります。認可外保育施設にもさまざまな形態があり、認可保育所がカバーしきれない保育ニーズの受け皿になっています。養成校を卒業して働く先として考えると、認可保育所は国が定めた基準を満たしているという面で、より安心して働くことができる環境が整っていると考えることができます。

認可保育所の設置・運営主体

　認可保育所は、自治体が設置運営をする「公立保育所」と社会福祉法人などが設置運営をする「私立保育所」の大きく二つのタイプに分けることができます。民営化によって、例外的に市区町村などの自治体が設置し、民間組織に運営を委託する「公設民営」タイプもあります。それぞれの設置・運営主体による特徴に

図表3-1　保育所の運営形態

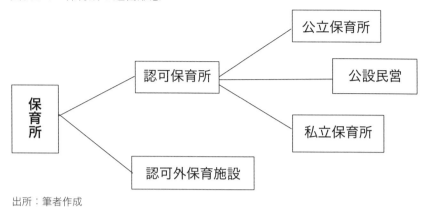

出所：筆者作成

ついて見ていきましょう。

　まず、公立保育所についてです。公立保育所は、市区町村などの自治体が設置運営をしています。そのため、正規職員として働いている公立保育士は地方公務員となり、市区町村などの公務員試験を受験して合格することが必須になります。公立保育士の良さは、給与の安定、昇給制度による待遇面の保障、休暇制度などの福利厚生の充実などがあげられます。しかし現在は、公立保育所の業務を民間組織に委ねる場合や公立保育所を廃止し、設置主体を民営に換える民営化が進んでいる自治体もあり、この保障も揺らぎつつあります。受験を考える際には、自分が受ける自治体の動向をしっかりチェックしましょう。

　次に、私立保育所についてです。私立保育所は、社会福祉法人の設置運営が主でしたが、2000（平成12）年の規制緩和によって学校法人や医療法人、宗教法人、NPO法人、株式会社、一般社団法人、一般財団法人、そして個人など多様な設置主体が参入するようになりました。なかでも、歴史の長い社会福祉法人は、私立保育所のなかでも大きな割合を占めており、運営が安定していることや勤続年数の長い保育者がいることが多く、保育技術が伝承されてきているなどの特徴があります。近年、都市部で急激に増加している株式会社は、利益を追求する集団であるということが社会福祉法人との大きな違いです。そのため複数の園を経営していることが多く、新たな保育手法の導入やIT化などに積極的に取り組んでいる園もあります。伝統的な保育手法にとらわれないという良さもある一方で、参入して月日が浅く、経営のノウハウの蓄積や保育技術の伝承の面では課題がある場合もあります。

　このように運営主体による特徴が見られますが、実際には保育方針や保育内容、待遇面などそれぞれの園によって異なります。就職を考える際には、ボランティ

アや園見学に行くなど実際に自分の目で見て、情報を収集してくことが大切で
しょう。

●ふりかえり問題

① 保育所では多様な設置・運営主体が参入していますが、それぞれの
形態の長所と短所を具体的にあげてみましょう。

MEMO

（2） 保育所のいまとこれから

　ここでは、多様な形態のある保育所のいまとこれからについて考えていきたいと思います。

保育所数の推移

　図表3-2を見てください。まずは、保育所の施設数の推移を見ていきましょう。保育所は1950〜70年代に急増し1980年前後をピークに減少傾向にありました。その後、1995年を境に増加に転じ、2015年以降減少していましたが、2018（平成30）年以降に再び増加しています。

　では、なぜこのように施設数が推移しているのでしょうか。この施設数の増減には、子育てを取り巻く環境の変化とそれに対する国の施策が関係しています。具体的には、子育てと仕事の両立を支援する保育所の機能の特徴と女性の社会進出によるニーズの増大、それによる待機児童問題や少子化対策などに対する国の施策などがあげられます。

図表3-2　保育所の施設数の推移

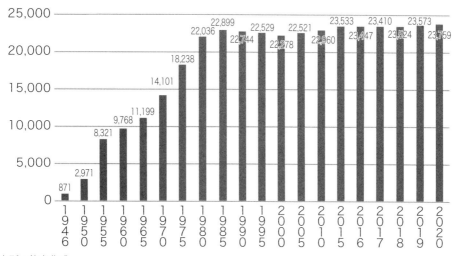

出所：筆者作成

（注）1989年以前は厚生労働省「社会福祉施設等調査報告」1990年以降は同省「福祉行政報告例」、2015年以降は同省「保育所等関連状況取りまとめ」による。

保育所の制度の特徴と少子化対策

保育所数が増減する要因の一つとしてあげられるのが、保育所の機能の特徴と国の施策との関係です。歴史をさかのぼると、保育所は、明治時代に子育てと仕事の両立に追われる労働者階級の子どもを受け入れる託児施設として各地で始まりました。その後、児童福祉法において児童福祉施設として位置づけられ、「保育所」という名称になったのです。このような経緯で始まった保育所の大きな特徴として、保護者の就労を保障するという機能があげられます（児童福祉法第24条）。

共働きなどで保育を必要とする場合には、市（区）町村が子どもを保育所で保育する責任を負うという制度の特徴から、保育所の施設数や入所児童数は、少子化の問題や仕事と子育ての両立を支援する国の施策と密接に関連しているのです。

具体的には、1980年前後をピークに減少していた保育所数が1995年ごろを境に増加に転じた要因として、1990年の「1.57ショック」[*1]を契機に、政府が少子化についての問題を認識し、子どもを生み育てやすい環境づくりに向けての対策を検討しはじめたということがあげられます。その後、1994（平成6）年に「エンゼルプラン」[*2]が出され、今後10年間に取り組むべき基本的方向と重点施策を定め、保育の量的拡大や低年齢児保育、延長保育などの多様な保育の充実の整備などの方針が打ち出されました。その後の少子化に対する施策のなかにも必ず仕事と家庭の両立支援がうたわれてきたことにより、2015年ごろまで施設数が増加してきたのです。

保育所の待機児童問題

保育所数の増減に大きく影響を与えているもう一つの要因が、序章でも取り上げた待機児童の問題です。女性の社会進出などにより、共働き家庭が増加しました。その結果、保育所入所を希望する家庭が増加し、既存の保育所の定員の枠には入りきらない待機児童の問題が出てきたのです。この問題に対して、政府は「待機児童ゼロ作戦」（2001年）、「待機児童解消加速化プラン」（2013年）、「少子化対策大綱」（2015年）、「子ども・子育て支援新制度」（2015年）などにより、待機児童解消に向けた対策を続けています。これらの施策により保育の量的拡充が進

---

*1　1.57ショック：1990年の1.57ショックとは「ひのえうま」という特殊要因により、過去最低であった1966年の1.58を下回ったことが判明したときの衝撃のことを指している。
*2　エンゼルプラン：1994年12月に政府によって策定された今後10年間に取り組むべき基本的方向と重点施策（文部、厚生、労働、建設の4大臣合意）。

図表3-3　保育所等待機児童数及び保育所等利用率の推移

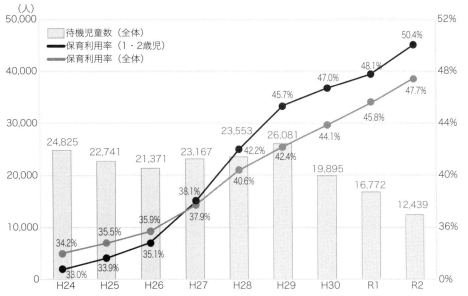

出所：厚生労働省「保育所等関連状況取りまとめ（令和2年4月1日）」

み、待機児童の数は減少してきています。

　しかし現在、待機児童の定義が変化し、新たな課題も出てきています。自治体が独自に助成している認可外保育施設や幼稚園の長時間預かり保育を利用している場合などで、認可保育所を利用したくても利用できない児童が待機児童数に含まれず、隠れ待機児童となっているのです。さらに、2000（平成12）年に設置主体の規制緩和がなされ、2015（平成27）年に「子ども・子育て支援新制度」がスタートしたことにより、多様な保育の主体が設置・運営をするようになりました。保育サービスの量的拡充ともに、子どもが育つ場として保育の質についての問題も出てきています。

保育所のこれから

　このように、国の政策や社会のニーズの増大を受けて施設数が増加してきた保育所ですが、急速な増加により、保育の質の担保が今後の課題になっています。子どもが安心して過ごすことができ、保護者が安心して預けることができるよう保育の質を向上させていくことが保育士一人ひとりに求められてくるでしょう。

　また、保護者の疾病や出産、求職活動、親族の介護、DVや虐待のおそれのあるケースなど、就労以外のニーズも多様になってきています。保育士として働いていくためには、現在の子育て家庭を取り巻く環境を理解しながら、専門職として子どもの保育や保護者支援を行っていくことが求められるでしょう。

●ふりかえり問題

① 保育所の施設数が増加した要因の一つである待機児童問題の現状は
どうなっているでしょうか。待機児童数の数などをあげて具体的に説
明しましょう。

MEMO

（3） 幼稚園のいまとこれから

　次に、幼稚園教諭普通免許状を取得することによって考えられる就職先である幼稚園のいまとこれからについてみていきましょう。

幼稚園とは

　幼稚園は、欧米の幼稚園制度を導入し、明治時代に始まりました。現在、学校教育法第1条で学校として位置づけられ「義務教育及びその後の教育の基礎を培うものとして、幼児を保育し、幼児の健やかな成長のために適当な環境を与えて、その心身の発達を助長することを目的とする教育施設」であるとされています（学校教育法第22条）。原則として、満3歳から小学校就学の年の満6歳になるまでの子どもに入園資格があることと、一日の教育時間は4時間を標準とする教育時間があることが、保育所や認定こども園と大きく異なる点です。

　幼稚園の設置主体は、学校教育法第2条において国、地方公共団体および学校法人であることが定められており、国公立幼稚園と学校法人が設置・運営する私立幼稚園に分けられます。私立幼稚園の中には、宗教法人などにより設置された幼稚園も一部あります。

変わる社会

　現在、子どもや保護者を取り巻く社会の変化に伴い、上記で説明した幼稚園の原則が大きく変化しつつあります。日本では戦後、高度経済成長期に入り、サラリーマンとして夫が長時間働き、妻は専業主婦として家事や育児を行うという性別役割分業型家族が増加しました。そのため、子どもが小さいころは妻が家庭で育児し、3、4歳になると幼稚園に通わせるという家庭のニーズが増加しました。これに応じるように1980年前後まで幼稚園数が増加したのです。

　しかし、現在では女性の社会進出や育休制度の普及などにより、第1子の出産を機に仕事を辞める女性が減少しています。そのため、0歳や1歳の低年齢からの保育や長時間保育が求められるようになっています。さらに、地域の関係が希薄化したことなどにより、子どもの養育についての不安を抱える保護者も多く、幼稚園においても就学前の子どもをもつ家庭への支援が求められるようになっています。

> ### 幼稚園の預かり保育・３歳未満児の保育

　このような家庭のニーズの変化により、現在幼稚園も長時間保育や低年齢からの保育に応える動きが見られます。まず、長時間保育に対応する「預かり保育」の実施が普及してきました。図表3-4を見てください。1997（平成９）年度には全体の29.2%である4,197園であった預かり保育実施園が、2010（平成22）年度には全体の75.4%の10,058園まで増加しています。2012（平成24）年度以降、調査方法が変更され、過去の数値との単純な比較はできませんが、2019（令和元年）度の実施園は、全体の87.8%に達しています。とくに私立幼稚園は96.9%とほとんどの園で実施されているという現状になっています。

　このような預かり保育の実施により、本来、４時間が標準教育時間の幼稚園において、早朝や降園後に希望する家庭の子どもを預かることで、親自身が自由に使う時間が確保され、その時間をさまざまな目的に使うことができます。また、以前は、母親の就業形態により保育所か幼稚園かを選択するということが多くありました。預かり保育が普及したことで就労している保護者も幼稚園に預けることが可能になり、待機児童の受け皿としての役割も担うようになっています。

　次に３歳未満の低年齢児からの保育についてです。本来、幼稚園の入園年齢は満３歳から小学校就学の始期までとなっていますが、現在は４月入園を待たずに満３歳になった月から入園することが可能になっています。また、２歳児保育を預かり保育として実施できる仕組みもでき、未就園児クラスとして２歳児保育を行っている幼稚園や親子登園など３歳未満児への保育や支援のニーズにも応える

図表3-4　預かり保育実施状況

（注）平成22年度以前の母数：学校基本調査の幼稚園数、平成24・26・28年度、令和元年度の母数：
　　　幼児教育実態調査回答園数
出所：文部科学省初等中等教育局幼児教育課「令和元年度 幼児教育実態調査」

幼稚園が増加しています。

幼児期の教育センターとしての役割

　これらの変化に加え、前述した家族のあり方の変化や地域との関係の希薄化などに伴って、幼稚園が地域における幼児期の教育センターとしての役割も期待されるようになっています。このような役割をふまえた子育て支援活動の具体例として、子育て相談の実施や親子登園などの未就園児の保育活動、保護者同士の交流の機会の企画、園庭・園舎の開放、子育て公開講座の開催、高齢者、ボランティア団体、子育てサークルの交流など、さまざまな活動が実施されています。

幼稚園のこれから

　時代の流れに対応して変化している幼稚園ですが、2015（平成27）年の子ども・子育て支援新制度のスタートにより、幼稚園と保育所の機能をあわせもつ認定こども園（幼保連携型認定こども園、幼稚園型認定こども園）に移行する幼稚園も増加しています（p.158の図表3-6参照）。時代の変化に伴い、保育の制度は今後も変化していきますが、この幼保一体化の流れは進んでいくことが考えられます。幼稚園教諭をめざす場合には、保育士資格を同時に取得し、自分のキャリアのなかでさまざまな選択肢を考えられるようにしておくとよいでしょう。

　また、幼児教育を行う施設としての長い歴史をもつ幼稚園だからこその教育内容や一人担任の多い幼稚園教諭としての楽しさややりがいもあります。それぞれの幼稚園の教育方針や特徴などを調べてみるとよいでしょう。

●ふりかえり問題

①　社会の変化を受け、幼稚園のありようが変化しています。どのように変化しているのが具体的にあげてみましょう。

（4） 認定こども園のいまとこれから

次に、認定こども園のいまとこれからについて考えていきましょう。

> ## 認定こども園の始まりと現在の制度

　認定こども園は、「就学前の子どもに関する教育、保育等の総合的な提供の推進に関する法律」（通称「認定こども園法」）に定められた施設で、小学校就学前の子どもに対する教育および保育の提供と、保護者に対する子育て支援の総合的な提供をする施設になっています。

　認定こども園の制度は、幼稚園と保育所の二つの制度により支えられてきた我が国の保育制度を一元化しようという議論から始まり、2006（平成18）年10月にスタートしました。当初の認定こども園は、幼保連携型、幼稚園型、保育所型、地方裁量型の4類型に区分され、幼保連携型認定こども園は、幼稚園、保育所の認可施設が連携して認可を受ける形でした。その後、2015（平成27）年に「子ども・子育て支援新制度」が実施されたことに伴い、認定こども園法も改正され、幼保連携型認定こども園は、認可幼稚園と認可保育所が連携する形から、幼稚園と保育所の機能をあわせもつ単一の認可施設となったのです。ほかの3類型は基本的な変更はなく、それぞれが図表3-5のような法的性格や機能をもつ施設となっています。

　また、すべての認定こども園は直接契約施設であり、認定こども園を利用する子どもは1号認定、2号認定、3号認定に分かれています（認定区分についてはp.11参照）。保育所、幼稚園は保護者の就労などの「保育を必要とする事由」に該当するかどうかによって支給認定区分が分かれていますが、どの認定区分でも利用できるのが認定こども園なのです。

　とくに幼保連携型認定こども園は、短時間利用児と長時間利用児が同じ園を利用するため、幼稚園の一日のような流れで生活する子どもと保育所の一日のような流れで生活する子どもが在籍していることになります。幅広い年齢の子どもに対する保育の専門性だけでなく、保育時間の異なる子どもへの配慮や保護者支援への知識や技術も必要になるため、幼稚園教諭免許状を持ち、保育士として登録を受けた「保育教諭」をおくことが必要とされているのです。

図表3-5　認定こども園の４類型

型	法的性格	機能	職員の要件
幼保連携型認定こども園	学校かつ児童福祉施設	幼稚園的機能と保育所的機能の両方の機能をあわせもつ単一の施設として認定こども園の機能を果たす。	保育教諭（幼稚園教諭＋保育士資格）
幼稚園型認定こども園	学校（幼稚園＋保育所機能）	認可幼稚園が、保育の必要な子どものための保育時間を確保するなど保育所的な機能を備えて認定こども園の機能を果たす。	○満３歳以上：両免許・資格の併用が望ましい。いずれかでも可 ○満３歳未満保育士資格が必要 ※保育所型は満３歳以上でも教育相当時間以外の保育に従事する場合には保育士資格が必要
保育所型認定こども園	児童福祉施設（保育所＋幼稚園機能）	認可保育所が、保育が必要な子ども以外の子どもも受け入れをするなど、幼稚園的な機能を備えて認定こども園の機能を果たす。	
地方裁量型認定こども園	幼稚園機能＋保育所機能	幼稚園・保育所どちらの認可もない地域の教育・保育施設で、認定こども園の機能を果たす。	

出所：筆者作成

認定こども園のこれから

　2006（平成18）年からスタートした認定こども園ですが、図表3-6のように2015（平成27）年の新制度実施以降、さらに施設数が増加しています。

　この施設数の増加の背景としては、既存の幼稚園や保育所からの移行が多く、今後も政策的に普及が進められていくと考えられます。保護者の就労形態などに関係なく保育・教育が受けられる仕組みとして、認定こども園は今後も注目されていくでしょう。

図表3-6　認定こども園数の推移

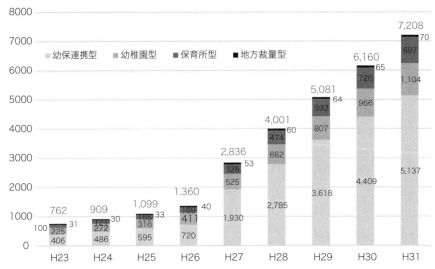

出所：文部科学省「幼児教育の実践の質向上に関する検討会＜参考資料３＞（令和元年10月23日）」

 ●ふりかえり問題

① 認定こども園の４つの類型とそれぞれの機能や施設数の変化について
てまとめてみましょう。

MEMO

（5）　ふりかえり

　保育士資格と幼稚園教諭免許状を取得し、働くことができる代表的な場である保育所・幼稚園・認定こども園のいまとこれからについて考えてきました。ここでは、第1節の学びのふりかえりを行います。

保育所・幼稚園・認定こども園と保育者養成

　これまでみてきたように、日本における保育・幼児教育に関する制度は、児童福祉法に基づく保育所と学校教育法に基づく幼稚園の二つの制度が大きな柱となり、地域に根づいてきました。2015年（平成27）年4月に「子ども・子育て支援新制度」がスタートしたことにより、この二つの施設に加え幼保連携型認定こども園が新たな認可施設として発足しました。これにより、2017（平成29）年には「保育所保育指針」「幼稚園教育要領」「幼保連携型認定こども園教育・保育要領」が改訂され、3歳以上児の保育のねらいと内容や幼児教育において育みたい「資質・能力」や「幼児期の終わりまでに育ってほしい姿」などの共通化がなされています。

　このような経緯から、主に保育所保育士として働くための「保育士」資格と、幼稚園教諭として働くための「教育職員免許状」（幼稚園教諭免許状）の両方の資格・免許の取得をめざす保育者養成校が増加してきました。そして、現在、この二つの資格・免許の取得がより必要になってきています。

保育所・幼稚園・認定こども園のいまとこれから

　第1節では、保育の形態が、現在の社会の変化に伴うニーズの多様化を受けて変化していることを確認してきました。女性の社会進出や共働き家庭の増加による待機児童の問題と規制緩和によって、保育所の施設数は現在の保育形態のなかでもっとも多くなってきています。また、規制緩和が進んだことにより、以前のような公立保育所と社会福祉法人による私立保育所だけなく、多様な設置運営主体が参入するようになっています。就職に向けてそれぞれの運営主体の特徴を知り、実際に園見学をするなどして、自分がどのような保育形態でどのような保育をしたいのか見きわめていくことが必要でしょう。

　また、幼稚園は、低年齢児保育や長時間保育のニーズに応え、預かり保育や2

歳児保育の実施率が上昇しています。そして、社会の流れもあり、公立園の民営化や保護者の就労形態にかかわらず、誰でも専門職による保育を受けられるという認定こども園への移行（幼保一体化）も進んでいます。

保育所・幼稚園・認定こども園の現状からキャリアを考える

　このような民営化、幼保一体化、保育の形態の多様化を考えたとき、これから保育者として働くために学んでいるみなさんには、保育士資格と幼稚園普通免許状の両方の資格・免許の取得を強くお勧めしたいと思います。

　新しく発足した幼保連携型認定こども園では、幼稚園教諭免許状を持ち、保育士として登録を受けた「保育教諭」を置くことが必要とされています。これまでも保育者養成校などで二つの資格の取得ができる場合には、両方の免許・資格の取得が推進されてきましたが、この「保育教諭」ができたことにより、実際に二つの免許・資格を持っていないと働くことのできない場合が出てきたのです。さらに、卒業後に幼稚園や保育所に勤めた場合でも、その種別が変化する場合がありますので、キャリアを考えるうえでは両方の資格と免許の取得が大切なのです。

　現在、社会の変化や子育て家庭を取り巻く状況に応じて、刻々と保育制度も変化し、施設のあり方やそこで働く人の働き方にも影響を与えています。現在学んでいるさまざまな教科の中で、それぞれの施設において必要な資格・免許や特徴、設置運営主体による働き方、待遇、保育内容などの傾向を知り、自分自身が働くとしたらどうキャリアを積み上げられるかという視点で良さや課題について考えていくことが大切なのです。

3.2 保育者のいまとこれから

保育者として成長するとはどのようなことでしょうか？

3章

保育所や幼稚園、認定こども園の現状と今後についてみてきましたが、ここではそこで働く保育者のいまとこれからについて考えていきたいと思います。

（1）数字でとらえる保育者のいま

まずは、保育者の現状をとらえていくために、いくつかの表やグラフを見ていきましょう。

保育者数の推移

図表3-7は、保育所、幼稚園、認定こども園で働く保育者数の推移を表しています。2018（平成30）年には常勤職員として働く保育所などの保育士が375,312人、幼稚園で働く幼稚園教諭が95,592人、幼保連携型認定こども園で働く保育教諭が85,290人になっています。2020（令和2）年度7月時点で、全職種の有効求人倍率が1.05倍のなか、待機児童の問題などで保育士は2.29倍となっています。このことからもわかるように、社会的に保育士が求められており、保育所などの保育士数は増加傾向にあります。また、幼保連携型認定こども園の保育教諭も施設数の増加に伴い、増加しています。一方、幼稚園教諭は認定こども園に移行する幼稚園の増加により、若干減少しています。

保育者の待遇や勤続年数

では、保育所・幼稚園・認定こども園で働く保育者の待遇や勤続年数について見ていきましょう。まず保育所についてです。図表3-8のように役職のついていない常勤保育士の平均勤続年数は、私立保育所8.8年、公立保育所8.7年となって

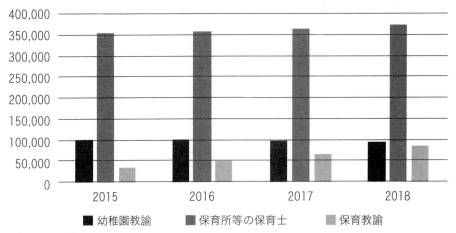

図表3-7　保育者数の推移

(注) 常勤職員数を示している。

出所：保育所等の保育士、保育教諭は厚生労働省「社会福祉施設等調査」（各年10月1日時点で活動の施設の集計）、幼稚園は文部科学省「学校基本調査報告書」により筆者作成

いいます。では、給与はどうでしょうか。同じく役職のついていない常勤の保育士の月額の平均給与（賞与込み）は、私立保育所が262,158円に対し、公立保育所が279,797円になっています。

　このように役職がついていない「保育士」の場合には、勤続年数や給与面で私立保育所と公立保育所の差がなくなってきているということがわかります。しかし、「主任保育士」になると、私立保育所の397,212円に対し、公立保育所が518,548円と給与面で10万円以上の差が出るということがわかります。さらに「施設長」になるとこの差は少し縮まりますが、長い目で見ると公立保育所のほうが給与は高くなることがわかります。

　次に幼稚園の職員の勤続年数や給与についてみていきましょう。図表3-9を見てください。新制度に移行した私立の幼稚園教諭の平均勤続年数は10.4年で、公立幼稚園は11.5年とあまり差がないことがわかります。給与面では、常勤の幼稚園教諭の平均が私立幼稚園で259,091円に対し、公立幼稚園は374,958円であり、公立幼稚園の方が10万円以上給与の水準が高いことがうかがえます。

　認定こども園については、保育所・幼稚園と異なり制度がスタートして月日が浅いため、若干平均勤続年数が短いですが、保育所と傾向は同様で、職位が上がるほど公立の認定こども園のほうが給与が高くなる傾向があります（図表3-10）。

　現在、保育所・幼稚園・認定こども園のいずれでも民営化が進むとともに、給与などの待遇面は地域による差が大きいという課題もありますが、全国的な平均で見ると給与などの処遇が改善され、勤続年数も長くなっている傾向が見られます。

図表3-8　保育所の職員の平均賃金、平均勤続年数、配置数（常勤換算数）

職種	私立 常勤 実人数	私立 常勤 平均勤続年数	私立 常勤 1人当たり給与（賞与込み）	私立 非常勤 換算人員	私立 非常勤 平均勤続年数	私立 非常勤 1人当たり給与（賞与込み）	公立 常勤 実人数	公立 常勤 平均勤続年数	公立 常勤 1人当たり給与（賞与込み）	公立 非常勤 換算人員	公立 非常勤 平均勤続年数	公立 非常勤 1人当たり給与（賞与込み）
1　施設長	1.0	23.1	528,826	0.0	4.8	203,618	1.0	29.8	594,465	0.0	13.9	303,699
2　主任保育士	1.0	19.6	397,212	0.0	7.8	171,373	1.4	22.4	518,548	0.0	4.3	389,316
3　保育士	13.2	8.8	262,158	2.1	6.7	169,091	11.6	8.7	279,797	2.2	6.4	172,980
4　保育補助者（資格を有していない者）	0.2	3.5	161,553	0.4	4.7	153,805	0.4	4.0	147,955	0.8	5.6	158,611
5　調理員	1.4	8.1	238,439	0.5	5.3	154,483	1.9	10.9	272,254	0.5	4.4	154,053
6　栄養士（5に含まれる者を除く）	0.6	6.5	270,369	0.0	3.4	166,667	0.1	6.2	274,837	0.0	5.0	247,558
7　看護師(保健師・助産師)、准看護師	0.3	10.0	279,066	0.1	4.6	196,955	0.2	10.0	352,985	0.0	7.1	224,488
8　うち、保育業務従事者	0.1	8.8	254,727	0.0	4.8	182,215	0.0	6.8	231,428	0.0	11.2	184,070
9　事務職員	0.6	9.3	305,728	0.1	5.2	175,343	0.1	5.9	285,799	0.0	4.6	145,904
10　その他	0.2	7.5	297,848	0.1	5.0	159,457	0.2	11.3	285,565	0.1	5.5	157,398
合計	18.6	10.0	283,332	3.3	6.0	165,461	16.9	11.3	315,744	3.8	6.0	168,358
集計施設数			1,519 施設						748 施設			
平均利用定員数			91 人						98 人			
平均児童数			93 人						91 人			

出所：内閣府子ども・子育て本部「幼稚園・保育所・認定こども園等の経営実態調査報告書」2018（平成30）年3月

図表3-9　幼稚園（新制度園）の職員の平均賃金、平均勤続年数、配置数（常勤換算数）

職種	私立 常勤 実人数	私立 常勤 平均勤続年数	私立 常勤 1人当たり給与（賞与込み）	私立 非常勤 常勤換算人数	私立 非常勤 平均勤続年数	私立 非常勤 1人当たり給与（賞与込み）	公立 常勤 実人数	公立 常勤 平均勤続年数	公立 常勤 1人当たり給与（賞与込み）	公立 非常勤 常勤換算人数	公立 非常勤 平均勤続年数	公立 非常勤 1人当たり給与（賞与込み）
1　園長	1.0	26.6	396,377	0.0	24.4	212,040	0.9	29.0	580,307	0.1	14.2	205,611
2　副園長	0.4	23.6	388,443	0.0	28.0	250,000	0.1	28.2	569,144	0.0	5.0	208,200
3　教頭	0.2	24.1	345,873	0.0	-	-	0.1	26.4	579,053	0.0	29.7	140,000
4　主幹教諭	0.4	18.7	329,802	0.0	-	-	0.1	24.1	530,951	0.0	-	-
5　指導教諭	0.1	20.7	286,253	0.0	-	-	0.0	21.0	484,443	0.0	-	-
6　教諭	5.3	10.4	259,091	0.5	9.8	160,877	2.9	11.5	374,958	0.1	6.8	152,631
7　助教諭	0.1	14.8	193,187	0.0	14.3	126,832	0.1	4.9	176,296	0.0	1.4	149,279
8　講師	0.1	16.7	177,976	0.0	17.9	205,684	0.8	6.1	241,468	0.1	6.0	156,200
9　教育補助者(幼稚園教諭免許を有する者)	0.1	6.4	149,803	0.1	5.7	160,999	0.3	6.6	147,810	0.3	5.9	148,429
10　事務職員	0.8	14.8	288,579	0.1	15.2	169,512	0.1	2.9	188,674	0.0	4.4	174,996
11　バス運転手	0.2	8.3	207,584	0.3	9.4	165,284	0.0	4.8	179,789	0.0	10.3	167,310
12　調理員	0.0	19.5	134,000	0.1	18.0	145,309	0.1	12.9	253,308	0.0	39.3	144,045
13　その他	0.1	10.6	206,150	0.2	5.2	141,638	0.6	5.8	176,051	0.4	4.9	132,387
合計	8.8	13.9	282,353	1.5	10.2	161,547	6.1	13.5	366,360	1.0	6.7	148,014
集計施設数			107施設						856施設			
平均利用定員数			85人						89人			
平均在籍園児数			83人						69人			

出所：内閣府子ども・子育て本部「幼稚園・保育所・認定こども園等の経営実態調査報告書」2018（平成30）年3月

図表3-10　認定こども園の職員の平均賃金、平均勤続年数、配置数（常勤換算数）

| 職種 | 私立 | | | | | | 公立 | | | | | |
| | 常勤 | | | 非常勤 | | | 常勤 | | | 非常勤 | | |
	実人数	平均勤続年数	1人当たり給与（賞与込み）	常勤換算人数	平均勤続年数	1人当たり給与（賞与込み）	実人数	平均勤続年数	1人当たり給与（賞与込み）	常勤換算人数	平均勤続年数	1人当たり給与（賞与込み）
	人	年	円	人	年	円	人	年	円	人	年	円
1　園長（施設長）	1	24.8	523,344	0	8.2	336,436	1	32.9	599,674	0	37.5	212,500
2　副園長	0.6	20.4	431,647	0	23.8	299,245	0.7	29.5	591,295	0	-	-
3　教頭	0.1	22	391,495	0	3.8	207,912	0	25.7	501,635	0	-	-
4　主幹保育教諭	1.4	17.3	346,759	0	11.6	164,899	1.3	23.5	509,305	0	43	336,354
5　指導保育教諭等	0.4	12.8	307,994	0	5.7	161,527	0.2	19.5	511,394	0	-	-
6　保育教諭	14.1	7.9	242,043	2.5	6.8	155,693	12.7	7.8	251,128	1.9	5.5	162,903
7　助保育教諭	0.2	6.2	150,625	0.2	5.3	142,454	0.1	4.3	157,176	0.1	4.6	148,097
8　講師	0.1	7.8	189,278	0.1	6.4	133,909	0.2	5.3	175,019	0.1	6.9	134,900
9　調理員	1.2	7.2	209,629	0.6	4.4	145,927	2.1	10	225,977	0.3	4.1	135,771
10　栄養教諭・栄養士（9に含まれる者を除く）	0.4	6.6	250,501	0	3.6	146,398	0.2	4	242,230	0	4.6	207,922
11　事務職員	0.8	8.6	278,347	0.1	5.2	164,816	0.2	5.1	270,396	0.1	2.2	159,585
12　その他	1	6.5	203,768	0.8	4.5	156,170	0.8	4.1	160,026	0.6	4.7	146,079
合計	21.2	9.7	266,342	4.4	6	154,261	19.5	11	293,454	3.2	5.5	157,677
集計施設数	792施設						200施設					
平均利用定員数	146人						126人					
平均児童数	142人						107人					

出所：内閣府子ども・子育て本部「幼稚園・保育所・認定こども園等の経営実態調査報告書」2018（平成30）年3月

　調査の対象や集計率などが異なるため一概に比較はできませんが、たとえば厚生労働省の「2015年賃金構造基本統計調査」によると、幼稚園教諭と保育士の平均勤続年数は約7.5年であり、給与は17万円～19万円が平均になっていますので、給与などの待遇面の改善とともに平均勤続年数も伸びてきているといえるでしょう。

保育者の離職理由

　やりがいのある保育者という仕事ですが、厚生労働省の平成28年および平成29年「社会福祉施設等調査」によると、保育所で勤務する常勤保育士の離職率は約9％になっています。どのような理由で退職するのでしょうか。

　図表3-11は、東京都で就業中の保育士に対し、過去に保育士として働いていた職場の退職理由をたずねたものですが、その理由としては「職場の人間関係」（38.0％）がもっとも多く、次いで「仕事量が多い」（27.7％）、「給料が安い」（27.4％）、「労働時間が長い」（25.3％）となっています。全国において9％という離職率は、勤務者が40万人近くいるなかで必ずしも高いとはいえませんが、今後、保育の場がより働きやすく魅力ある職場になっていくことが期待されています。

図表3-11　保育士を辞めた理由【現在保育士就業中】（複数回答）

その他の理由に理念の違い、閉園、同法人内の移動などがある

■全体（n＝3550）

AQ15-4　雇用形態【現在保育士就業中】	n	5 職場の人間関係	6 仕事量が多い	12 給料が安い	7 労働時間が長い	9 結婚	3 妊娠・出産	2 健康上の理由（体力含む）	4 雇用期間満了	1 転居	13 他業種への興味	11 職業適性に対する不安	10 子育て・家事	14 保護者対応の大変さ	15 家族の事情（介護等）	8 配偶者の意向	16 その他
全　体	3550.0	38.0	27.7	27.4	25.3	18.1	11.8	10.7	10.5	10.1	7.9	6.0	5.8	5.0	4.5	2.0	21.2
正規職員	1867.0	41.6	33.5	33.6	31.2	11.8	6.6	8.5	9.7	9.3	7.9	5.6	3.5	5.2	3.5	1.7	25.5
有期契約職員（フルタイム）	383.0	42.8	28.2	29.5	24.8	20.6	12.5	13.8	14.9	8.6	8.4	9.4	5.5	6.8	5.7	2.3	18.5
有期契約職員（パートタイム）	1300.0	31.5	19.2	17.8	16.8	26.3	19.0	12.9	10.2	11.8	7.8	5.6	9.2	4.2	5.6	2.2	15.7

出所：東京都福祉保健局「東京都保育士実態調査報告書」2019年5月

●ふりかえり問題

①　保育者の待遇や勤続年数について公立、私立別に幼稚園・保育所・認定こども園の特徴をまとめてみましょう。

MEMO

（2）保育者の多様な働き方

保育者の待遇面や離職の理由などをみてきましたが、そのやりがいや資格、免許状を生かした働き方について考えていきたいと思います。

働くことの意味

働くということは、生計を立てるためのお金を得ることだけが目的ではありません。大宮は、米国の心理学者アブラハム・H・マズローの欲求5段階説と現代で働くということの意味を対応させ図表3-12のように説明をしています。

マズローは、人間の欲求は底辺から始まり、その欲求が満たされると一段上の欲求をもつ5段階のピラミッドのようであると提唱しました。1、2段目は人間が生きるうえでの基本的な欲求で、3段目から人と関わりたいという集団帰属の欲求、自分が集団から価値ある存在として認められたいという認知の欲求、自分の能力を発揮し、自己成長したいという欲求まで進んでいくのです。

これを職業をもつことの意味に対応させると「経済的報酬」「安定性・継続性」「社会的人間関係」「社会的評価」「自己実現・自己啓発」となり、報酬を得ることだけでなく、経済的な見通しがつき安定した人間関係が保障されることや、社会から評価されること、やりがいをもって自己実現していくことなど、仕事をするということの多面的な意味が見えてくるのです。

保育者としてのやりがい

では、現場で働く保育者は、保育という仕事にどのような意味を見出しているのでしょうか。図表3-13は、筆者の勤めている保育者養成校の卒業生にインタビューしたもののなかで仕事のやりがいについてまとめたものです。

共通したやりがいとしては、子どもの成長を感じることができるという点があげられます。また年数を重ねるなかで保護者との信頼関係が深まり、保護者とともに子どもの成長を喜んだり、保護者に感謝されるという経験がやりがいにつながっています。さらに、学年主任など職位が上がることに伴う責任や業務の変化に大変さを感じる一方で、やりがいも感じていることがうかがえます。

図表3-12　マズローの欲求5段階説と職業のもつ意味

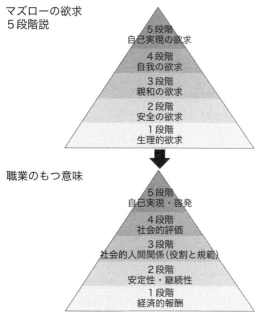

マズローの欲求
5段階説

5段階
自己実現の欲求

4段階
自我の欲求

3段階
親和の欲求

2段階
安全の欲求

1段階
生理的欲求

職業のもつ意味

5段階
自己実現・啓発

4段階
社会的評価

3段階
社会的人間関係（役割と規範）

2段階
安定性・継続性

1段階
経済的報酬

出所：大宮登監修『キャリアデザイン講座　第3版』、「第3章キャリアデザインと人生設計（2）」、
日経BP，2019

図表3-13　保育者のやりがい（卒業生へのインタビューより）

勤務園等の 種別・職位	勤続年数 担当クラス	現在の仕事のやりがい
小規模保育 保育士	1年目	小規模保育は子どもが少ないので、子どもたちのできるようになったことの成長が目に見えて感じられることです。1人ずつ登園してきてみんなに「おはよう」といえることもやりがいです。
保育所 保育士	2年目 1歳児 （もちあがり）	子どもの成長を近くで見守ることができたことです。私だけでなく、その成長をクラスの先生や保護者の方と見守りながら、一緒に喜びを分かち合えたことがうれしく、楽しい日々にもつながったように感じます。0歳児ならではの喜びは担任していた子がはじめて歩いたときです。初めの一歩が出たときは本当にうれしくて、クラスの先生や保護者の方とも喜びあいました。今でも記憶に残っています。
保育所 保育士	3年目	3年目になり余裕もできて1歳児の子どもたちととにかく楽しい毎日です。ベテランの先生のことは見本にしていてわからないことはなんでも聞いています。子どもたちと成長できるのがとても楽しいです。保護者の人から感謝されること、喜んでくれる姿がやりがいです。
幼稚園 幼稚園教諭 学年主任 教務主任補佐	4年目	現在4年目で、学年主任、教務主任補佐も任せて頂き、学年全体や園全体を把握し進めたりすることの大変さとやりがいを感じています。やはり4年目になっても思うことは子どもの笑顔や成長した姿をずっと見ることができるのは本当に楽しいし嬉しいです。

保育者の多様なライフサイクル

　保育者という仕事は、女性が多くの割合を占めるため、図表3-14のように結婚や出産というライフステージの変化に伴って働き方や働く意味が変化する可能性があります。また、現在は、男性もライフステージの変化に応じて働き方が変わる場合もあります。

　具体的には、社会の変化に伴い以前多かった⑧結婚・出産退職型が減少し、①〜④のように生涯働き続けるケースや、⑤〜⑦のように一時退職した場合でも退職後の期間が短くなり、復職するというケースが増えてきています。その理由を見てみましょう。

社会の変化と保育者としての働き方との関係

　本章の第1節において、保育所や幼稚園などが社会の変化を受け、求められることも変化してきているということを確認してきましたが、実はこの社会の変化がそのまま保育者としての働き方にも影響しています。

図表3-14　保育者の多様なキャリアデザインの例

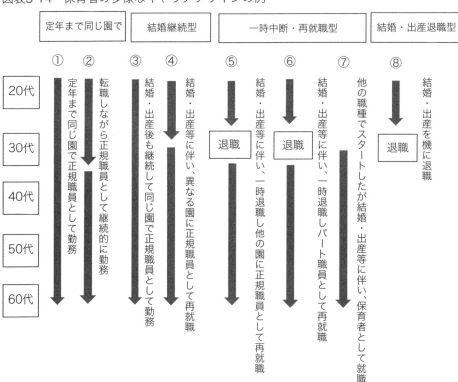

図表3-15 50歳時の未婚割合の推移と将来推計

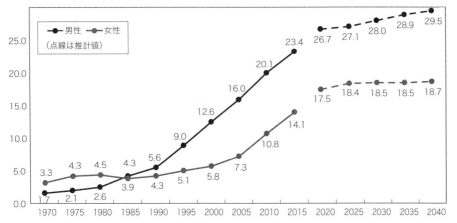

資料：1970年から2015年までは各年の国勢調査に基づく実績値（国立社会保障・人口問題研究所
「人口統計資料集」）、2020年以降の推計値は「日本の世帯数の将来推計（全国推計）」（2018年
推計）より、45〜49歳の未婚率と50〜54歳の未婚率の平均値。

出所：内閣府「令和2年版少子化社会対策白書」

　日本では、かつて家の近くで農業や漁業をし、家族みんなで家業を行ってきた時代から、夫は長時間働き、妻が家で育児や家事を行うという性別役割分業型家族による家族のあり方に変化してきました。現在は、少子化、核家族化、介護の高齢化、家事の合理化、女性の高学歴化、価値観の多様化などが進み、性別役割分業の意識が低くなり、結婚や出産が個人の選択によるものになっています。

　たとえば、かつて結婚して子どもを産み育てるということが男女共に人生設計として当たり前であった時代もありましたが、現在は婚姻数が減少し、男女共に未婚率が増加しています（図表3-15）。そのため、結婚せずに仕事を継続するライフコースの選択も増加しているのです。また、未婚率だけでなく結婚した人が離婚する割合も増加しているため、就職して一時退職した場合でも正規職員で働く必要が出てくることもあります。さらに共働き家庭の増加により、女性が生涯を通して社会に出て働く時代になっています。

女性が職業をもつ意味

　では、なぜ女性が働き続けるようになっているのでしょうか。これまでの日本では、男性は一度新卒で会社に勤めると、同じ会社で定年まで働き続けることができるという終身雇用と、勤続年数や年齢などにより役職や賃金が上がっていく年功序列制度が保証されてきた面がありました。しかし、現在はかならずしもそれらが保証されない時代になっています。

　図表3-16を見てください。これは、男性の地位や雇用形態別に配偶者がいる割

図表3-16　男性の従業上の地位・雇用形態別有配偶率

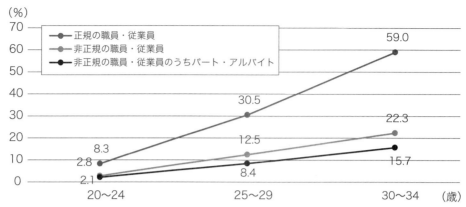

資料：総務省「平成29年就業構造基本調査」を基に作成。
（注）数値は未婚でない者の割合。
出所：内閣府『令和2年版少子化社会対策白書』

　合を示したものですが、正規の職員・従業員では25～29歳で30.5％、30～34歳で59.0％の人に配偶者（妻）がいるのに対し、非正規の職員・従業員では25～29歳で12.5％、30～34歳で22.3％となっており、それぞれ正規の職員・従業員の半分以下となっているということがわかります。この図からは、正規職員のほうが結婚しているということがうかがえる一方で30～34歳で結婚している人の22.3％が非正規の職員・従業員であるということも読み取ることができます。

　さらに、現在男女共に高学歴化が進んだことにより、子どもの教育費が増大しています。図表3-17は、夫婦にたずねた理想的な子どもの数や夫婦が実際にもつつもりの子どもの数、さらに現在の子どもの数の差を表したものです。理想の子どもの数より実際にもつつもりの子どもの数は少なくなっており、理想の子どもの数は産むことができないという現実がわかります。その理由について30歳未満から49歳の各年齢別にたずねた結果、どの年代においても「子育てや教育にお金がかかりすぎるから」という理由がトップになっています。子ども一人をもつと、出産から大学卒業まで3,000万円くらいの教育費がかかるともいわれ、このような教育費に加え、生活費、老後の蓄えなど必要な資金が多く、男女共に働き続けることが必要になっているのです。

　このような時代の背景が、保育者として資格や免許を持っている場合にも影響してきています。たとえば、東京都福祉局の「東京都保育士実態調査報告書」（2019年5月）によると、過去の保育士として就業した経験がある男女に、時間単位勤務（パート保育士など）での復職意向を聞いた結果、全体で「はい」が7割（72.7％）を超え、とくに30代の女性では8割以上（80.6％）が時間単位勤務での復職意向を示しています。

図表3-17　平均理想子供数と平均予定子供数の推移

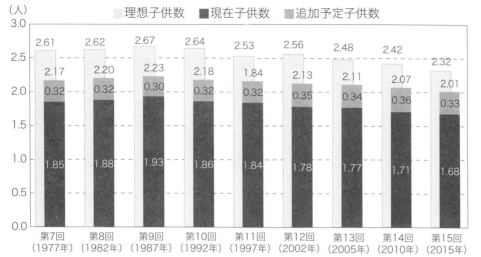

資料：国立社会保障・人口問題研究所「第15回出生動向基本調査（夫婦調査）」(2015年)
（注）対象は妻の年齢50歳未満の初婚どうしの夫婦。予定子供数は現在子供数と追加予定子供数の和として算出。総数には結婚持続期間不詳を含む。各調査の年は調査を実施した年である。
出所：内閣府「令和2年版少子化社会対策白書」

　現在、産休・育休を取得して仕事を継続するという保育の形態も増えており、この調査結果のように結婚、出産などの理由により一度退職をした場合でも、パート保育士など短時間での勤務から復職し、ライフステージの変化により勤務形態も変えていくということが考えられるでしょう。

男性保育者

　1976（昭和51）年以前には保育士が「保母」資格であったように、保育者は女性が家事・育児を引き受けてきた延長から女性の職業として定着しました。現在でも、幼稚園教諭・保育士は女性の将来なりたい職業の上位にあるように、女性の職業というイメージがあり、男性保育者が占める割合は少なくなっています。

　しかし、女性の社会進出が進み、保育士不足が深刻になった1995年以降、保育士・幼稚園教諭共に男性保育者が急激に増加しており、保育者養成校でも男子学生を積極的に受け入れる学校も増えてきています。

　男女が共に子育てにも関わっていく協業型家族となっている現在、男性保育者の役割や存在感も高まっており、他職種から保育者に転職をする男性も増えています。男性ならではのダイナミックな自然との関わりや身体を使った運動遊びなどの実践も増えており、今後も男性保育者の活躍が期待されています。

●ふりかえり問題

① 社会の変化を受け、ライフステージに応じたさまざまな働き方が可能になっていますが、どのような働き方の例があるのかあげてみましょう。

② なぜ、男女共に働く時代になっているのか、その理由をあげてみましょう。

MEMO

（3） 保育士資格などの多様な生かし方

保育士資格と幼稚園教諭免許状を取得した先の働き方としては、保育所・幼稚園・認定こども園のほかにもさまざまな就職先があります。具体的な事例をいくつか紹介しましょう。

> Case1　企業から児童デイサービスへ。夢の実現のためのキャリア
> 　　　　形成中！　彼末奈々さんの場合

一人目は、大学時代のアルバイトの経験から夢をもち、そのためのキャリアを積んでいる彼末奈々さんです。彼末さんは、養成校1年生のときに写真館でアルバイトを始め、その際に障がいをもった子どもが気軽に写真を撮ることができない現実を知りました。そして、さまざまな事情を抱えていても気軽に写真などの思い出を残す手伝いをするような仕事をしたいと思ったそうです。

そのために、まずは、カメラの技術を学べる企業への就職活動を行い、主に親子や子どもを対象にした写真館に就職しました。そこでは副店長として主に子どもの写真を撮りながら子どもとの関わり方を学ぶとと

★進路希望の変化とその後のキャリア

短大Ⅱ部3年間

1年次　写真館でアルバイトを経験する
　　　　企業への就職を考えはじめる

2年次後半　子どもを主に対象とした写真館
　　　　（アルバイト先とは別）の受験を決める

3年次前半　企業へのエントリー・会社説明会
　　　　見学会への参加・受験へ

社会人に！

1年目〜3年目　写真館に勤務
　店舗サブマネージャー（副店長）として着付けやヘアセット、撮影補佐、カメラマン、事務作業等の業務を行う

4年目　児童デイサービスに勤務
障がいをもつ子どもが気軽に写真を撮ることができるようになる場を提供するという夢のために、障がいをもつ子どもと関わることのできる仕事を行っている

もに、カメラの撮影技術を習得していきました。さまざまなお客様の写真を撮るなかで、誰かの一生の思い出として形の残るものを提供できることにやりがいを感じたそうです。

そして、社会人4年目、夢の実現に向けて、現在では障がいをもっている子どもたちと関わりながら子どもたちのことをより深く学びたいと、幼稚園から高校生までが在籍する児童デイサービスで勤務しています。学習や療育などの児童への支援のなかでも年齢や障がいが異なることによる支援のむずかしさを感じるとともに、子どもの成長を間近でみながらその成長を保護者と分かち合うことができることに、楽しさとやりがいを感じているそうです。

Case 2　子育て中の体験からおもちゃ屋を開業した 横尾泉さんの場合

石川県出身の横尾泉さんは、保育士資格を取得後、乳児保育園に勤めました。その経験をもとに乳児保育園を退職後、フィリピンの孤児院でホームステイをしたり、オーストラリアやヨーロッパ各地を放浪するなど、活動的な日々のなかでご主人と出会い結婚をしました。

その後、子どもを出産し、理想の子育てと現実とのギャップに悩んでいたときに、東京おもちゃ美術館が主催するおもちゃコンサルタントの資格に出会いました。講座に通うなかで年齢や発達に応じてさまざまな遊び方ができ、長くつき合っていくことができる木のおもちゃの良さを知った横尾さん。その魅力を伝えたいと自宅の一角に「木のおもちゃチッタ」を開業しました。さらに、おもちゃ屋という仕事をベースにしながら、雑貨やハンドメイド作品の出店やワークショップなどを行う「モノ・コト市」を定期的に開催したり、保育や子育て支援の場で講座を積極的に行ってきました。

★保育士資格取得＆その後のキャリア

1991年	保育士養成校入学
1993年	保育士養成校卒業
1993年	乳児保育園就職(石川県)
1998年	乳児保育園退職
1998年〜	フィリピンの孤児院にホームステイ、ワーキングホリデービザでオーストラリアに1年滞在、ヨーロッパを放浪するなど世界各地を旅してまわる
2001年	結婚　上京
2003年	一人目を出産
2005年	二人目を妊娠中、子育てにいきづまりを感じたことをきっかけに東京おもちゃ美術館主催の"おもちゃコンサルタント"の講座に参加し"おもちゃコンサルタント"さらに"おもちゃコンサルタントマスター"を取得
2005年	自宅ショップ「木のおもちゃチッタ」をオープン
2005年	二人目を出産
2015年	保育の場の環境をコーディネートするあそび環境コーディネーターとしての活動を開始。おもちゃ屋としてのおもちゃの販売とともにあそび環境コーディネーターとして各種ワークショップ、おもちゃに関する講座を行う

そして、2015年からはこれまでのさまざまな活動をもとに新たな挑戦を始めています。おもちゃの良さを伝えるため、「あそび環境コーディネーター」という肩書を作り、保育所や幼稚園にあるおもちゃを使った実践や保育環境の見直し、アドバイスを行っています。またおもちゃ屋である強みを生かして保育方針にあったおもちゃの紹介、販売も行っています。

横尾さんのこれまでの歩みからは、「子ども」を軸にしたすべての経験や活動が今に繋がっていることがわかります。また、それぞれのライフステージにおける偶然の出会いとその出会いを大切にする横尾さんの想いが、次のキャリアに大

きな影響を与えていることを感じます。

Case 3　「森のようちえん」の実践をしている橅島隼人さんの場合

橅島隼人さんは、養成校での資格・免許を取得後、男性であるという理由で保育現場での就職が叶わず、障がいを持つ人の入所施設に就職しました。その後、社会人として働く傍ら、ボランティアなどの社会教育活動を行うなかで自分の人生における仕事の意味や家族の大切さについて考えていきます。

そして、祖父母の介護で福祉の仕事を離職した際に、北欧やドイツで盛んな「森の幼稚園」の活動に出会い、「あかぎの森のようちえん」を立ち上げました。子どもや親子、幼稚園や保育所への自然体験活動の提供や、教育機関・企業などさまざまな機関との連携事業も行っています。

現在、橅島さんは新たなライフステージにおける仕事と家庭のあり方を模索しています。結婚し、子どもが産まれたことやコロナ禍での仕事の状況から、2021年度から保育園で働きながら「森のようちえん」の事業を続けていく予定です。「何のために何をしていくのか」と自分に問いかけながら、ボランティアや仕事を行ってきた橅島さんですが、社会教育活動やプライベートでの学び、ライフステージに応じた選択が、その後のキャリアにつながっていることがわかります。

◎森のようちえん活動を行う橅島さん

★橳島さんの資格取得後のキャリア等

時期	資格・学業・仕事	社会教育活動の活動	その他の学び等	家庭生活等
2001	保育者養成校入学 保育士・幼稚園教諭	児童館でのボランティア 子どもキャンプ	児童文化研究会	
2003〜 2004	保育者養成校卒業 知的障害者入所更生施設に就職	社会人の傍らボランティア活動を拡大（子ども会・赤十字・青少年教育施設等）	キャンプファイヤーの講師開始〜2017 （年間40〜60回）	
2006	障害者支援施設に転職（運営・サービス管理責任者）	さまざまなボランティア団体に加入し、年間160〜200日ボランティア活動に従事	ボランティアの活動のなかで、組織運営を学び始める	
2011	介護のため離職 キャンプ場のアルバイト・社会教育施設のなかでの臨時職員	社会教育×幼児教育の形を探るなかで「森のようちえん」と出会う		祖父母の介護
2012	「あかぎの森のようちえん」を起業 市内の幼稚園・保育所と連携し、保育の場向けの「森のようちえん」プログラムの実施。放課後デイサービスの仕事を行いながら「森の幼稚園」活動の事業を展開していく（2015年事業の拡大に伴い児童ディサービスは退職）			
2013〜	「あかぎの森のようちえん」がNPO法人格を取得。 幼稚園・保育所・児童館・学童クラブ、小学校、中学校、高校、大学、企業などとも連携し活動を広げる。子ども向け、親子向けの自然体験の主催事業等や依頼、受託事業を行うようになる			
2017〜 2020	群馬NPO協議会の副会長になり、県内のNPO団体と連携してさまざまな事業を担うようになる。コロナ禍での仕事とワークライフバランスを模索中			結婚 第1子誕生

●ふりかえり問題

① 保育士資格などを生かした保育者以外の働き方の例をあげてみましょう。

（4） ふりかえり

第2節では、保育士資格と幼稚園普通免許状を生かして働く保育者として、保育所などの保育士、幼稚園の幼稚園教諭、認定こども園の保育教諭のいまとこれからについて考えてきました。また、保育士資格を生かしキャリア形成をしている具体的な事例の紹介を行いました。ここでは、これらの学びを振り返っていきましょう。

保育者の今とこれから

第1節で確認してきたように、待機児童の問題などから保育者が求められています。第2節では、そのような保育者の現状について確認してきました。具体的には、認定こども園制度の創設や時代の変化によるニーズの増加により、保育所などの保育士、幼保連携型認定こども園の保育教諭の数は増加傾向にあります。一方、幼稚園は認定こども園に移行する園の増加により、幼稚園教諭の数が若干減少しています。

保育者としての仕事は、子どもの成長を感じ、保護者とその喜びを分かち合うという喜びややりがいがある一方で、子どもの命を預かるという大変さもある仕事です。そのため、離職率は全国の常勤保育士の場合、9％になっており、離職理由には職場の人間関係や仕事量の多さ、給料や労働時間などの待遇面などがあげられています。しかし、現在では全体的に平均の勤続年数は伸びており、徐々に給与などの待遇も上昇していることがわかりました。また、次節で確認するキャリアアップの制度（p.181参照）が構築され、待遇などがさらに改善されるとともに、保育者という仕事の魅力が増していくことが期待されています。

時代の変化に応じた働き方

さらに、第2節では保育者の現状とともに、時代の変化により保育者を取り巻く環境も変化していることを確認しました。終身雇用や年功序列制度が必ずしも保証されなくなり、これまで人々の間で当たり前であった生き方が変化しています。たとえば、結婚をせずに独身でいる人の割合が高くなり、未婚化が進んでいることや、女性の社会進出などにより結婚する時期が遅くなる晩婚化、それに伴う晩産化なども少子化の原因の一つであるといわれています。また、非正規雇用

や不景気の問題に伴い、男性だけが働くという形が変化し、共働き家庭が増加しています。

　このように、働き方や子育てを取り巻く環境が変化するなか、保育者に限らず男女共にライフステージに応じた働き方をしていく時代になっています。とくに女性の割合が多い保育の場では、これまで結婚や出産により退職するというケースが多い状況でした。p.168の図表3-14のように結婚退職型は減少し、就業を継続する割合が増加や、一度退職しても短時間労働（パート職）での復帰を望む割合も多くなっています。また、男性保育者の割合も増えており、ダイナミックな保育実践を行うなど、保育の場での活躍が注目されています。

働く意義の多様化

　このような時代において、働くということは経済的な報酬だけでなく、さまざまな意味があることも確認してきました。報酬を得ることにより、経済的な見通しがつき安定した人間関係が保証されること、仕事を通して評価されること、そして、やりがいをもって仕事を通した自己実現をしていくことなど、働くということには多面的な意味があります。

　この働くことの意味は、前述のライフステージや各自の置かれた状況に応じて、変化していくことが考えられます。p.173～176の資格を利用した働き方のケースにもあるように、保育士資格や幼稚園教諭免許を生かして、さまざまな人生の経験をキャリアにつなげていく時代でもあるのです。保育者をめざしているみなさんは、資格や免許を取得したあとも多様な働き方や働く意味があるということを理解し、ライフステージに応じた働き方やその意義について考えていくことが大切でしょう。

3.3 保育者のキャリア形成

　ここでは、保育士資格・幼稚園免許状を持ち、どのように保育者としてキャリアを形成していくことができるのかについて考えていきたいと思います。

（1）キャリアの意味

　みなさんは「キャリア」という言葉を聞くとどのようなことを思い浮かべるでしょうか。女性が社会に出て長い期間働くようになり、男性の働き方も変化している今、「キャリア」という言葉にふれることも多くなっています。まずこの「キャリア」という言葉について整理していきたいと思います。

キャリアとは

　働くということを考える際に大切な概念となる「キャリア」という言葉は、どのような意味なのでしょうか。キャリア（career）の語源は、ラテン語の「車輪のついた乗り物」「荷車」からきています。その後、「道」や「馬道」「馬車競技のコース」へと転じ、その語源から「俊敏に途切れることなく、動く」という意味が生まれ、19世紀前半には、外交官や政治家などの「立身出世コースとなるような職業機会」を意味するようになりました。

　わが国では、終身雇用、年功序列の賃金などを基盤としてきた日本企業の経営のあり方が大きく変化した1990年代後半から2000年に入り、このキャリアという言葉が急速に広がっていきました。この時期、1999年の男女共同参画社会基本法の制定などに伴い女性の社会進出が進み、男女共にど

のような職場に就職し、どのようなキャリアを積むのか、また転職や退職、復職、起業などさまざまな選択肢のなかで何を選ぶのかを考えることが必要になりました。このように、キャリアには「仕事を通して積み上げてきた経験やプロセス、経歴」という面があります。

さらに、働き方や生き方に多様な選択肢ができ、ワークライフバランスという言葉も浸透してきたいま、仕事について考える際には、余暇や社会活動、家庭生活や子育てとのバランスや両立をどうしていくのかということも考えざるを得なくなってきました。そのため、職業生活や仕事の経験だけを意味するキャリアという概念が、「ライフキャリア」といわれるような、家庭生活や子育て、余暇、社会活動なども含め、個々の人生や生き方そのものとしてとらえるように変化してきています。p.173〜176の保育の資格や免許を生かした働き方の例でもみたように、職業生活＝キャリアではなく、家庭生活や社会活動、余暇などを含め個人の生涯にわたる生き方のプロセスがキャリアであり、そのようなさまざまな経験が仕事にもつながっていく時代なのです。

内的キャリアと外的キャリア

キャリアには、客観的な側面である「外的キャリア」と主観的な側面である「内的キャリア」があります。外的キャリアとは、学歴、会社名、職業、職務、職位（役職）、給与など、外からはっきりとわかる客観的な基準になります。一方、内的キャリアは、個々がもつ価値観や満足度、やりがい、興味、関心、願望、優先順位など主観的な想いです。

キャリアを考える際には、外的なキャリアだけでなくp.166でも確認したなぜ働くのかということ（内的なキャリア）を見つめていくことも大切なのです。たとえば、同じ年に入った同期の保育者のなかで、A保育者は昇格して主任となり、B保育者は昇格していない場合、外的キャリアから見ればA保育者の方がキャリアアップをしています。しかし、B保育者は週末や有休を利用し、小さいころから趣味として行っているダンスを子どもたちにボランティアで教えているため、職場での昇格は控えているという理由があるとしたらどうでしょうか。外的キャリアとしてのキャリアアップだけでは測れないそれぞれの想いや生き方があるため、それらを含めキャリアをデザインし、選択していくことが大切なのです。

保育のなかでのキャリア

　では、保育者のキャリアについて考えてみましょう。保育所と幼稚園という二つの制度を柱として歩んできた日本の保育は、主に女性が働く場として機能してきました。そのため、女性が結婚前まで働き、結婚、出産後に子どもがある程度大きくなったらパートで復帰するという資格や免許の活用方法が多く、経験年数や積み上げたスキルに応じてキャリアを形成していくという概念があまり浸透しない職業でもありました。

　しかし現在、共働き家庭が増加し、待機児童の問題が生じるなかで保育士不足という言葉が社会問題として認識されるようになりました。このような需要の増大と時代の流れとともに、男性保育者も増え、保育のなかでも「キャリアパス」、「キャリア形成」という言葉が使われるようになっています。とくに、2017（平成29）年度より私立（民間）で働く幼稚園教諭・保育士などについてもキャリアアップ制度としての研修が実施されるようになり、保育者としてのキャリアをどう形成していくかということが意識されるようになってきています。

保育者のキャリアパス

　では、専門職である保育者にとってのキャリアアップとは、どのようなことを意味するのでしょうか。キャリアアップとは、養成校や資格取得の際の学びをふまえ、実践を積むなかで、実践力がつき任せられる仕事が増えたり、内容が高度に広くなった場合、昇進、昇格し、給与などの処遇が上がっていくことを意味します。そして、その昇進、昇格のためにはどのような知識や技術が必要なのか、その知識や技術の習得のために必要な経路、さらに昇進、昇格の際の職位の変化などの道筋を「キャリアパス」というのです。

　一般的なキャリアパスとしては、その組織においてどのような等級があり、その等級に応じた職位、職責、能力、職務内容、任用の要件（能力、経験年数、資格、研修の受講などの条件）などが定められています。今後、働くということを考えるうえで、それぞれの組織においてこのキャリアパスが示されることで、自分の経験とスキルをどのように生かし、どのようにキャリアを形成していくのか考えていく目安にもなるのです。

●ふりかえり問題

① キャリアの語源と現在キャリアという言葉がどのようにとらえられているかについてまとめてみましょう。

MEMO

（2）保育専門職としてのキャリアステージ

ここでは、保育士、幼稚園教諭、保育教諭のキャリステージと各ステージで身につけたい専門性や資質・能力について考えていきたいと思います。

保育者としての成長

保育者は専門職のため、入職したその日から保育の専門家として振る舞うことが求められます。しかし一年目からベテランの保育者と同じ専門性を発揮するのはむずかしく、日々の実践や研修などの受講を通して、専門職としての実践力や知識、技術を修得していくことが必要なのです。では、保育者は日々の実践や研修のなかでどのように成長し、キャリアを積み重ねていくのでしょうか。

働く場や資格により、職位名やキャリアステージの定義は異なりますが、入職後は、図表3-18のような共通の成長過程があるといわれています。具体的には、保育者養成校を卒業したり国家試験を受けて資格・免許を取得したあとに入職します。その後、初任者の段階を経て中堅者となり、ベテランといわれる熟達者になっていくというプロセスがあります。熟達者になると、主任や副園（所）長などの役職を任されたり、園長や所長という管理職としての役割を果たすことになります。それぞれの段階で求められる職務と役割について詳しく見ていきましょう。

図表3-18　保育者のキャリア形成と役割

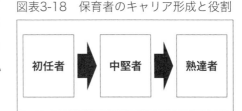

初任者の職務と役割

初任者の定義は、入職して３年目までを指す場合が多く、保育者になると必ず通る道になります。まず、１年目は、社会人として緊張感をもって出勤するということ自体が初めてです。さらに、人間関係や仕事内容など、すべてが初めての連続のなかでとまどいながら少しずつ仕事をするということに慣れてくるでしょう。具体的な業務内容は、配属されたクラスにおいて、園の方針や公的なガイドラインに基づいた保育の計画を立て、実践し、ふりかえりを行うという保育の営みを体験するとともに、保護者と関わるなかで信頼関係を築いていきます。

１年目の配属の傾向としては、幼稚園では副担任や補助、預かり保育などを任

されることもありますが、はじめから一人担任を任されることもあります。その場合でも、新人保育者が安心して保育ができるような仕組みづくりが各園で行われています。一方、保育所や認定こども園などでは、0、1、2歳などの複数担任のクラスに配属されることが多く、先輩の保育者にわからないことを質問したり、指導を受けながら業務を行っていく場合が多いでしょう。保育所や認定こども園においても、初任者が多いときなどは3、4、5歳児の担任として配属されることもあります。

中堅者の職務と役割

中堅者は、実践をはじめて3〜4年目以降を指すことが多く、保育の業務に慣れ、さらなる技術や知識の習得に目を向けられるようになってきます。また、子どもとの関わりや援助の仕方にも慣れ、予測と異なる子どもの姿に臨機応変に対応できるようになります。

保護者とのコミュニケーションも円滑になり、相談を受けることも多くなってくるでしょう。このように保育者としてのさまざまな業務に慣れてくる中堅者は、園の中での立ち位置も変化し、初任者への助言や指導を行う役割も出てきます。また、学年やクラスのまとめ役として実践や行事などでも中心的な役割を担うようになるでしょう。

このように、保育実践の中心的な役割を担う時期である中堅者ですが、結婚や出産などプライベートの変化も多く、退職する場合や短時間勤務（パート職員）になるなど働き方が変化する時期でもあります。

熟達者の職務と役割

熟達者になると、管理職になる場合もあり、組織として自分の勤務する園がどうなっているのかというマネジメントを担うようになります。また、次節でみていくような各職員のキャリアステージを意識した研修の企画や処遇改善、地域の子育て支援における活動なども担うことになるでしょう。

具体的なキャリアステージでいうと、主任保育士や副園長・教頭・園長という立場になります。とくに、管理職のなかでも園長の役割は非常に大きく、すべての面において対外的な役割と責任を担うことになります。一方、主任保育士、副園長・教頭は、園長と中堅者の間にたち、日々の保育がスムーズに行われるよう、園の状況を把握し、職員全体への助言や指導を行っていきます。この立場になる

と、一般の保育者と立場や役割が異なり、仕事の幅が非常に広がり、求められる仕事のスキルが高くなるとともに責任も大きくなります。主任保育士や副園長・教頭が求められる対応は、困難性がトラブルに発展する可能性がある場合や、すでにトラブルに発展している場合の対応など、より幅広い知識と対応力が求められてくるのです。

保育士・幼稚園教諭・保育教諭のキャリアステージ

では、保育者が初任者⇒中堅者⇒熟達者と成長していくなかで具体的にどのようにキャリアアップしていくのでしょうか。保育の専門職として取得する資格とその資格を生かした就職先を考えると、保育所に勤務する保育士、幼稚園に勤務する幼稚園教諭、認定こども園に勤務する保育教諭のキャリアの積み重ね方があると考えられます。

図表3-19のように、保育士等のキャリアステージとしては、保育士等⇒職務分野別リーダー⇒副主任保育士／専門リーダー⇒主任保育士⇒園長とキャリアアップしていきます。また、幼稚園教諭（保育教諭を含む）のキャリアステージとしては、幼稚園教諭等⇒若手リーダー⇒主幹教諭（中核リーダー／専門リーダー）⇒副園長・教頭⇒園長の順にキャリアアップしていくのです。これらのキャリアアップは実践の積み重ねだけでなく、研修などの受講により、キャリアステージに応じた知識や技術を修得することが求められています。

図表3-19　保育者のキャリアステージ

キャリアアップ	保育士等	幼稚園教諭（保育教諭）等
	保育士等	幼稚園教諭等
	職務分野別リーダー	若手リーダー
	副主任保育士 専門リーダー	主幹教諭（中核リーダー） ・専門リーダー）
	主任保育士	副園長・教頭
	園長	園長

出所：筆者作成

●ふりかえり問題

① 保育士・幼稚園教諭・保育教諭はどのようにキャリアアップしていく可能性があるのかまとめてみましょう。

（3）キャリア形成のための研修（園外研修）

　入職後、それぞれのキャリアステージで求められる知識や技術を身につけていくために、現場で実践を積むだけでなく、研修に積極的に参加することが求められます。具体的にどのような研修があるのかをみていきましょう。

> **研修の意義と重要性**

　まず、研修の種類には、保育所・幼稚園・認定こども園などの園内で企画・実施する園内研修と外部の研修である園外研修があります。園全体で保育の質を維持・向上させることができる園内研修と保育者の免許の更新やキャリアアップにも結びついた外部の研修はどちらも重要であり、このような園内外の研修に参加することでキャリアステージに応じた知識や技術、スキルが身についていくのです。

　では、研修に参加することでどのようなことが得られるのかを具体的に考えてみましょう。まずは、時代や社会の変化に対応する知識や技術の更新があげられます。この5年間をみても、子どもや子育てを取り巻く新たな施策や法律の制定、新制度のスタートと情勢はめまぐるしく変化しています。また、幼稚園教育要領、保育所保育指針などの保育の公的なガイドラインも約10年おきに改訂（定）されていますので、そのような関連法制度についての知識を修得するためにも研修は不可欠になっています。

　次に、自分の実践のふりかえりと実践力や専門性の向上、それに伴う保育の質の維持・向上です。保育実践においては図表3-20のように子どもの実態をふまえ、計画を立て実践を行い、それを評価し改善していくというPDCAプロセスに基づき日々の実践が展開されています。園内外の研修で自分の保育実践をふりかえり評価を行ったり、必要な知識や技術について考え学び合うことで、実践力や専門性が向上し、保育の質の維持、向上にもつながっていくでしょう。

　そして最後に、キャリアアップのための研修の参加があげられます。現在、後述するようなキャリアアップの仕組みとしての研修制度が実施されています。キャリアパスを見通しながら、研修を主体的に受けることが求められています。

図表3-20　PDCAプロセス

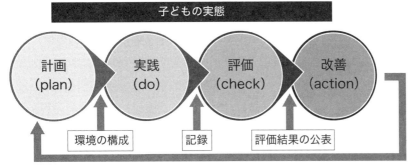

出所：筆者作成

保育者の資格、免許と研修制度

　次に、それぞれの資格・免許の研修制度について見ていきましょう。幼稚園教諭免許状と保育士資格という二つの免許・資格が柱となってきた日本の保育・幼児教育においては、資格・免許により研修制度が異なります。まず、幼稚園教諭については、更新制度が設けられています。10年ごとに免許を更新するための講習を30時間以上受講する必要があります。さらに教育公務員特例法により、幼稚園教諭・保育教諭には、新規採用教員研修、10年経験者研修が法定研修として定められています。

　一方、保育士資格は、大学・短大・専門学校などの保育士養成施設において必要な取得を修得するか、保育士試験に合格したあと、都道府県の保育士登録申請をし、保育士証の交付を受けると保育士として働くことができる仕組みになっています。「児童福祉施設の設備及び運営に関する基準」では、保育所などの児童福祉施設における職員の資質向上について「職員に対し、その資質の向上のための研修の機会を確保しなければならない」（第7条の22）と明示されていますが、法定研修はなく専門性の維持・向上のために継続的な研修への参加が課題となってきました。

　このような課題をふまえ、保育者（民間）のキャリアアップの仕組みとして研修制度が構築され、2017（平成29）年より、保育士等と幼稚園教諭等を対象にした2種類のキャリアアップ研修が実施されるようになりました。

> ## キャリアアップ研修

　キャリアアップ研修は、保育士等対象と幼稚園教諭等対象の２種類の研修があります。保育士等については、2017（平成29）年４月に厚生労働省より「保育士等のキャリアアップ研修の実施について」が通知され、研修による技能の修得により、キャリアアップ・処遇改善が行われる仕組みが構築されました。保育現場のリーダー的職員などに対する研修内容や研修の実施方法として「保育士等キャリアアップ研修ガイドライン」が定められています。

　幼稚園教諭等についても文部科学省が2017（平成29）年10月に「追加的な処遇改善における研修スキームのイメージ（幼稚園関係）」が示されました。認定こども園については幼稚園・保育所などのどちらの研修も要件となる研修に含まれることになっています。

　このように、保育者がそれぞれのキャリアステージに応じた知識・技術を研修で修得し、それが職位や処遇と結びついていくという新たなキャリアアップの仕組みが示されましたが、それを具体化していくためには、法人（事業者）側の研修体制の整備や、役職・職務に応じた職員評価の環境づくりなどが必要であり、

図表3-21　保育士等キャリアアップガイドラインの概要

目的	保育現場におけるリーダー的職員の育成に関する研修である「保育士等キャリアアップ研修」について一定の水準を確保するために必要な事項を定める
実施主体	都道府県又は都道府県知事の指定した研修実施機関
研修分野・対象者・内容等	【専門分野別研修】 ・保育所等の保育現場において、それぞれの専門分野に関してリーダー的な役割を担う者対象 ・次の6分野　①乳児保育　②幼児教育　③障害児保育　④食育・アレルギー対応　⑤保健衛生・安全対策　⑥保護者支援・子育て支援
	【マネジメント研修】 ・専門分野におけるリーダー的な役割を担う者としての経験があり、主任保育士の下でミドルリーダーの役割を担う者（見込まれる者含む）対象 ・マネジメント（マネジメントの理解、リーダーシップ、組織目標の設定、人材育成、働きやすい環境づくり）についての内容
	【保育実践研修】 ・保育所等の保育現場における実習経験の少ない者（保育士資格合格者等）又は長期間、保育所等の保育現場で保育を行っていない者（潜在保育士等）対象 ・保育実践（保育における環境構成、子どもとの関わり方、身体を使った遊び、言葉・音楽を使った遊び、物を使った遊び）についての内容
研修時間	1分野15時間以上とする

出所：厚生労働省「保育士等キャリアアップ研修ガイドライン」2017をもとに筆者作成

図表3-22　追加的な処遇改善における研修スキームのイメージ（幼稚園関係）

設置主体	①都道府県・市町村　②幼稚園関係団体　③大学等　④その他都道府県が適当と認める者
研修内容	【分野別研修】 ①教育・保育理論　②保育実践　③特別支援教育　④食育・アレルギー対応 ⑤保健衛生・安全対策　⑥保護者の支援・子育ての支援　⑦小学校との接続 ⑧マネジメント　⑨制度や政策の動向
	【分野別研修以外の職責等に応じた各種研修】 ・経験年数に着目した研修　・園内での役割に着目した研修　・広く一般教員を対象とした研修 ・免許状更新講習　等
所要時間数	・分野別研修は1分野につき10〜20時間が基本 ・「中核リーダー」及び「専門リーダー」は4分野（「中核リーダー」はマネジメントが必須）を修了する必要 ・「若手リーダー」は1分野の研修を修了する必要 ・分野別研修以外の研修を取り込む場合、「中核リーダー」及び「専門リーダー」は計40時間以上、「若手リーダー」は計10時間以上の研修を修了する必要

出所：文部科学省「追加的な処遇改善における研修スキームのイメージ（幼稚園関係）」2017より筆者作成

まだ始まったばかりであるといえます。今後、それぞれの園においても、保育の質を高めていく研修制度と職員評価の仕組みが作られていくことで、ライフステージが変化しても状況に応じた働き方を行うことができるような職種になっていくことが期待されています。

●ふりかえり問題

①　研修にはどのような意義があるのか、具体的にあげてみましょう。

②　外部の研修にはどのような種類があるのかあげてみましょう。

（4） キャリア形成のための研修 （園内研修）

園外での研修とキャリアアップについてみてきましたが、日々の保育実践により身近な園内研修について考えていきたいと思います。

職場における研修

まず、園内研修についての公的なガイドラインなどの記載などを見ていきましょう。保育所保育指針では、「第5章　職員の資質向上」の「3　職員の研修等」「（1）職場における研修」に、「職員が日々の保育実践を通じて、必要な知識及び技術の修得、維持及び向上を図るとともに、保育の課題等への共通理解や協働性を高め、保育所全体としての保育の質を図っていくためには、日常的に職員同士が主体的に学び合う姿勢と環境が重要であり、職場内の研修の充実は図られなければならない」と園内研修の重要性が記載されています[1]。

また、幼稚園教育要領では、直接園内研修についての記述はありませんが、3法令の改訂に中心的に関わった無藤らにより出版されたガイドブック[2] では、子どもの資質・能力の向上を図るための研修のあり方について「教員以外の職員も含め、相互に日頃の実践についての意見交換やテーマに基づく研究の実施など、園内研修の継続・充実を進めるとともに、園外研修の機会の確保を図ることが大切である」と園内研修についてふれています。このように、日常の保育と関連づけて職員が主体的に学び合う場として園内研修の大切さが共有されています。

園内研修の意義

園内研修は、各園のみで行う場合や何か所かの園が集まって行う場合がありますが、基本は同じ理念のもとで働いている職員同士が自分たちの実践のふりかえりや保育の質の向上をめざして行います。そのため、保育者にとって身近で現実的な課題に取り組むことができる研修になっています。

園内研修の特徴として、少人数であること、参加者の都合により企画、実施、継続できることがあげられます。そのため、園の実態や子どもの姿、日頃の保育実践の課題などに即したテーマを設定することができ、教職員間で実情や課題を共有し、次の日からの実践にすぐ役立てることができます。とくにシフト勤務が多く、共有する時間がもちにくい保育所や認定こども園においては、多くの園職

員がそろう貴重な機会となります。日々の実践に即した内容について主体的に継続的に話し合い、省察を深めるとともに、保育者同士が同じ認識をもつことで、日ごろのコミュニケーションを円滑にするきっかけにもなります。

園内研修の形式

このように、園内研修は園外での研修では得ることのできない学びの機会となっていますが、その実施の仕方について決められた方法はなく、実施頻度や内容が各園の課題や状況に応じてさまざまです。園内研修の形としては図表3-23のような形式が考えられ、園の実情に応じて実施されているとともに、1〜4の形式を必要に応じて組み合わせて取り入れている園も多いことがわかっています。

それぞれの実施方法の特徴を見ると、1は外部講師によるテーマに沿った講演がなされます。2は外部の研修に参加した職員、3は研究保育・公開保育の担当となった職員が担当として研修内容や保育内容を考えていきます。保育の質の向上を考えると、園の保育集団としての保育力を向上させることが求められており、4の参加型研修のような「講義形式の研修から、主体的・共同的な学びの要素を含んだ研修への転換を図る必要性」（中央教育審議会,2015）[3]が指摘されています。1〜3の研修形式もそれぞれ得られるものが異なりますので、園の実情や課題に応じて組み合わせながら園内研修の実施の方法を工夫していくことが求められています。

図表3-23　園内研修の形式

	形式	内容
1	外部講師による講演	保育者養成校の教員やテーマに即した専門家を呼び、特定のテーマについての講演を聞く
2	外部研修の報告・共有	園長・研修担当の企画のもと園を代表して外部研修に行った職員が学んだ内容を園に持ち帰り園内で共有する
3	研究保育・公開保育	保育者同士で実践を見せ合い、その実践内容や方法について検討していく
4	参加型研修 （創発型研修、参加協働型研究、保育カンファレンス、OJT、園内研究）	園に即したテーマや事例等を取り上げ、すべての参加者が意見を出し合い、話し合う中で新たな気付きや学びを生み出していく。創発型研修、参加協働型研究、保育カンファレンス、OJT、園内研究などとも呼ばれ、話し合いを円滑に行っていくためにファシリテーター兼指導者として、外部講師が入る場合や園長（所長）、副園長、主任などの管理職が進行を行う場合がある

出所：筆者作成

図表3-24　私立保育園での園内研修の実例～保育士の専門性をテーマに～

回数	講義	参加型研修
1	新年度のクラス運営について	新年度のクラス運営についてワーク・想いの共有
2	保育の基本と保育士の専門性（講義）	
3	発達について①	子どもの発達のエピソード発表・共有・意見交換
4	発達について② ―指針改定から見る発達のポイント―	発達のエピソードの発表・共有・意見交換
5	環境について―自然環境―	自然環境についてのエピソード発表・共有・意見交換
6	遊びについて①	遊びについてのエピソード発表・共有・意見交換
7	遊びについて②	保育士自身が遊んでみよう～アナログゲーム～
8	保護者支援について① 現代の家族を取り巻く環境	保護者支援についてのエピソード発表・事例検討
9	保護者支援について②	保護者支援についてのエピソード発表・事例検討
10	研修における1年のまとめ	1年の保育実践のエピソード発表・共有・意見交換

出所：筆者作成

園内研修の実際

　図表3-24は、筆者が外部講師として園内研修に関わった私立保育園の研修のテーマと内容の実例です。前年度まで有志のメンバーで実践を見える化するという取り組みを行っていましたが、系列園の増加などにより、同じ地域にある複数園が集まり月に一回の園内研修を実施することになりました。園の保育士には初任者から中堅者が多く、実践と理論のすり合わせを行うことを目的に、筆者を含めた2名の外部講師が専門分野の講義を行いつつ、グループワークや保育実践における子どもの姿や保護者とのやりとりについてのエピソードの検討を行うなどの参加型研修を組み合わせた研修を行いました。

　自然との関わりを大切にしているこの法人では、この他にも園長向け研修の企画、若手保育士の企画による自然体験活動の研修、園で行っている川遊びに関する資格取得のための研修の主催など保育士が主体的に研修を企画、実施しています。このように、研修への参加、企画などを通じて、それぞれの保育者が日々の保育実践に対する自己省察を深めるとともに、自分のキャリアステージに応じた役割や知識、技術を学んでいくことが園全体の保育の質の向上につながっていくのです。

●ふりかえり問題

① 園内研修と園外研修の違いを具体的にあげてみましょう。

MEMO

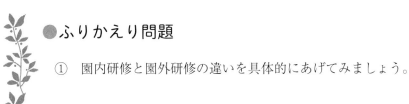

（5）キャリアデザインとライフデザイン

　ここまで、保育者として働くうえでキャリアというものをどのようにとらえていくのか、そして資格や免許を生かしてキャリアを積み上げていくためのキャリアパスについて考えていくことの大切さを確認していきました。ここでは、これまでの学びをふまえ、保育者をめざすみなさん自身が人生のなかにどのようにキャリアを位置づけ、デザインしていくのかについて考えていきたいと思います。

自分の強みを生かしたキャリアデザインとライフデザイン

　みなさんの好きなことや得意なことはなんでしょうか。p.173〜176の保育士資格などを生かした働き方で紹介した彼末さん、横尾さん、梛島さんの共通点として、それぞれ自分の強みや軸をもち、キャリアを積み上げているという点がありました。彼末さんは、障がいをもつ子どもやその保護者が気軽に写真を撮り、思い出を形として残すことを応援するような仕事をしたいという夢をもち、「カメラ」「子ども」「障がい」というテーマでキャリアを積んでいます。保育士や子育ての経験からおもちゃ屋、講師として仕事を広げている横尾さんのテーマは、「子ども」「おもちゃ」「保育」です。森のようちえんを実施している梛島さんは、もともと福祉の仕事をされており「福祉」「保育」というテーマで歩んできましたが、ボランティアを続けるなかで、現在は「社会教育活動」「子ども」「自然」と活動の軸が変化しています。

　保育者として働く場合でも、ピアノが好き、自然が好き、わらべ歌が得意、乳児保育の知識が抱負、ダンスが得意、離乳食について詳しい、人と関わることが好きなど、自分の好きなことや得意なこと、長く続けていることがみなさんの強みになっていきます。このような自分のテーマを見つけ、その分野の知識や技術の修得を続けていくことで、キャリアが広がるきっかけや選択する際の決め手になる場合があるでしょう。

　これまでの学びをふまえ、次のページに年齢に応じたキャリアステージの例を第1〜第5ステージまで示しました（図表3-25）。この例を参考にしながら、自分の今後のキャリアについて考えてみましょう。現在、生き方が多様化し、生涯学習の時代であると言われています。他の仕事からの転職や子育て経験を経てからの学び直しなどさまざまなキャリアのスタートがありますので、この例はあくまで一例であることを念頭において考えてみましょう。

図表3-25　保育者としてのキャリアステージの例

学生

第1ステージ（18歳〜22歳）

保育士資格・幼稚園教諭免許状取得　保育所・幼稚園・認定こども園・その他の保育の場、児童福祉施設、子育て支援の場、企業など様々な就職先から就職を決定

卒業

2年目はじめての一人担任

就職

第2ステージ（20代前半）

初任者〜中堅者初期　仕事を通して様々なことを学び社会人としての姿勢や態度を身につけていく時期。保育者としての業務や子どもについて理解していく。中堅者としての初期は保育の場で、クラスや学年のリーダーなども任され、実践の中心的な役割を担う時期。初任者の指導なども行う。

○ **ライフステージとキャリア**
○ 第2ステージ後半からは下の絵のように
○ 結婚・出産・育児・離婚・再婚・自分や
○ 家族の転勤・転職・独立・企業・リスト
○ ラなどのキャリアショック・病気療養・
○ 介護その他などの様々な個人的な事情が
○ キャリアに影響し選択をしていくことに
○ なる。

第3ステージ（20代後半〜30代）

中堅者後期〜熟達者　中堅者後期になると役職もつき、キャリアアップと同時に職務も変化する。この時期、ライフステージの変化がキャリアに影響を与え、転職や働き方を変える、退職するなどの選択も多くなる。この年代で役割としては熟達者（管理職）になる場合もある。

就職・転職
・正規・契約・派遣・
パート・アルバイト

経済設計
・消費と貯蓄
・教育費
・住宅
・老後の蓄え

起業・開業
・園を経営・NPO・
自営等

キャリアアップ
・研修を受けキャリア
アップ

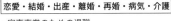

第4ステージ（40代〜50代）

熟達者　第2ステージ後半以降、ライフステージの変化に伴い、退職、転職、パートタイムでの勤務への変更、復職など働き方が変化していく。そのような変化や経験を重ねるなかで、専門職として熟達していき管理職などの役割を担うことが多い時期でもある。また、組織全体のマネジメントや職員の育成などこれまで培った幅広い経験と知識が生かされていく。

恋愛・結婚・出産・離婚・再婚・病気・介護
・家事専業のための退職
・産休、育休の取得・仕事の継続
・復職・転職・転勤

第5ステージ（60代）

熟達者としての知識や技術を次世代に
役割に応じてこれまでの経験を次世代に伝えながら、健康の状態や家族の状況に応じて働き方や役割を選んでいく時期。

保育者としてのキャリアアップ

第3ステージ以降、保育者としては以下のようにキャリアアップしていく可能性がある。

幼稚園教諭：若手リーダー⇒主幹教諭⇒副園長・教頭⇒園長

保育士等：職務分野別リーダー⇒副主任保育士・専門リーダー⇒主任保育士⇒園長

出所：筆者作成

さまざまな活動の意味

さらに、仕事をするということは、給与などの経済的な報酬によって安定した生活を得るということだけでなく、職場での人間関係や役割を得て、社会的な評価を受けることによって自己実現していくなど多面的な意味があります。

また、現在はプライベートでの経験もキャリアにつながっていく時代になっています。今自分が行っている活動にはどのような種類があり、それにはどのような意味があるのか考えてみるといいでしょう。

さまざまな活動を含めたキャリア形成を

これまで、プライベートでの事情により退職したり、短時間の勤務にする場合には、キャリアとして肯定的にとらえないという傾向がありましたが、現在は、結婚や出産、余暇、社会教育活動、趣味などの経験もキャリアにつながる大事な要素であり、切り離せないものとしてとらえられています。つまり、キャリアをデザインするということは、人生そのものをデザインすることでもあるのです。みなさん一人ひとりが、今後取得する資格や免許を生かして、どのようにキャリアを形成していくのかについて考えていきましょう。

 ●ふりかえり問題

① 自分が好きなことや得意なこと、続けていることをできるだけたくさんあげてみましょう。

（6） ふりかえり

　保育士資格、幼稚園普通免許状を取得して働いている保育者のキャリアパスを見通した働き方について考えてきました。また、キャリアステージに応じた知識や技術を修得していくための研修についても確認してきました。ここでは本節での学びを振り返っていきたいと思います。

キャリアという考え方

　この章で確認してきたように、キャリアには、職業生活がどのように積み重なっていくのかという面がありますが、現在は、家庭生活や社会活動、余暇などを含め個人の生涯にわたる生き方のプロセスがキャリアであるととらえられています。

　また、キャリアには客観的な側面である「外的キャリア」と主観的な側面である「内的キャリア」があります。学歴、会社名、職業、職務、職位（役職）、給与などの外からはっきりとわかる客観的な基準である「外的キャリア」についてどのように進みたいのかを考えていくためには、個々がもつ価値観や満足度、やりがい、興味、関心、願望、優先順位など主観的な想いである「内的キャリア」についても見つめていくことが大切です。

保育者としてのキャリアと研修制度

　現在、保育士資格・幼稚園免許状を取得した際の就職先である保育所、幼稚園、認定こども園では、時代の変化に応じて制度や施設のありようが刻々と変化しています。そして、そこで働く保育者が社会的に求められているということを学んできました。また、保育者として働いていくに当たって、研修制度と結びついたキャリアアップの仕組みが構築され、研修が実施されています。保育者として実践経験を積み、初任者から中堅者、そして熟達者になるプロセスのなかで、園内外の研修制度において、それぞれの資格・免許、働く場所の種別、年数、職位、役割に応じた知識や技術を修得していくことにより、スキルアップしていくことができるのです。

園内研修の意義

　保育者として、実践を積むなかで必要な知識や技術の修得に欠かせないのが、園内研修です。園内研修は各園で行う場合や何か所かの園が集まって行う場合などがありますが、同じ理念のもとで働いている職員同士が自分たちの実践のふりかえりや保育の質の向上をめざすために行われます。そのため、保育者にとって非常に身近で現実的な課題に取り組むことができる研修になっています。

　園内での研修は、園の実態や子どもの姿、日頃の保育実践の課題などに即したテーマを設定することができ、教職員間で実情や課題を共有し、次の日からの実践にすぐに役立てることができます。このような園内研修のなかで保育者同士が同じ認識をもつことで、日ごろのコミュニケーションを円滑にするきっかけにもなり、働きやすい職場づくりにも有効になるでしょう。

人生のライフステージに応じた多様な選択

　このように、園内外の研修によりキャリア形成の仕組みが構築されつつある背景には、保育者が社会的に求められているということだけでなく、男女共に性別を問わず、生き方や働き方が多様になり、さまざまな形でキャリアを形成していく時代になったことがあげられます。伝統的な終身雇用の制度や年功序列が変化し、男性、女性共にライフステージに応じた働き方を選択していく時代になり、資格や免許を活用した働き方も多様になっています。自分が優先したいことが何なのか、働く意義をどこに求めているのかなど、そのとき自分が置かれた状況のなかで仕事について選択していくためにも、みなさんが現在行っている資格や免許を取得するための学びが基礎となっていきます。

　また、自分のキャリアをデザインしていくために何が得意で何が好きなのか、という自分の強みを見つけていくことも今後につながっていくでしょう。

＜引用文献＞
1 ）厚生労働省『保育所保育指針』, 2019
2 ）無藤隆・汐見稔幸・砂上史子『ここがポイント！ 3 法令ガイドブック―新しい「幼稚園教育要領」「保育所保育指針」「幼保連携型認定こども園教育・保育要領」の理解のために―』, フレーベル館, 2017
3 ）中央教育審議会「これからの学校教育を担う教員の資質能力の向上について〜学び合い、高め合う教員育成コミュニティの構築に向けて〜（答申）」, 2015
4 ）齋藤孝『偏愛マップ―キライな人がいなくなるコミュニケーション・メソッド』, NTT出版, 2004

コラム キャリア形成のための自己理解

　これからの生き方や働き方を考えていくうえで、自分を知るということはとても大切なことです。自分はどのような人なのでしょうか？　どのようなことが好きで、どのようなことが苦手なのでしょうか？　また、これまでの人生でどのようなことをし、何を大切にしてきたのでしょうか？　このように「自分」について知るということ（自己理解）がキャリアデザインの第一歩なのです。

　では、自分を知るためには、どのような方法があるのでしょうか？　ここでは、自己理解を深めるツールとしてグループワークなどでよく利用される「ジョハリの窓」を紹介しながら考えていきたいと思います。「ジョハリの窓」とは自分自身の特性を「4つの窓」に分類したものです。この4つの窓を、自分だけでなく、他者にも分析してもらい埋めていきます。授業などで行う場合には、お互いのことをよく知っている同じクラスの友人などの5〜10名程度から自分の特性を分析してもらい、4つの窓を埋めていくとよいでしょう。

◎ジョハリの窓

開放の窓 （自分も他人も知っている）	盲点の窓 （自分は気づいていないが 他人は知っている）
秘密の窓 （自分は知っており、 他人は気づいていない）	未知の窓 （自分も他人も気づいていない）

出所：Sowa1976,Chapman2010を参考に筆者作成

　この「ジョハリの窓」では、①開放の窓を広げていくことで、他者とのコミュニケーションが円滑になるといわれていますが、自分自身のキャリアを考えていく際には、秘密の窓について知っていくことも必要です。そのための方法として、ここではいくつかの方法を提案します。

　まず自分の好きなものを自分で整理し、それを他者と共有する方法として、齋藤孝さんが考案した「偏愛マップ」があります[4]。この偏愛マップは、1枚の紙に、自分が大好きなもの、愛してやまないものを書き込んでマップにしていきます。書き終わったらクラスの友人と見せ合い、お互いの大好きなものを語り合いましょう。そのとき、一つだけ大事なルールがあります。このマップに書かれていることをお互いに否定しないことです。誰だって、自分の好きなものを否定されるのは悲しいので、肯定的な態度で言葉遣いに気をつけながら相手の話を聞くということを心がけましょう。

　他にも、自分を知る（自己理解）のためのツールとしてさまざまな方法がありますので、キャリアを考える第一歩として、自分と向き合うワークをやってみるといいでしょう。新たな自分に出会うかもしれません。

編著者	浅井拓久也	秋草学園短期大学幼児教育学科 准教授

著 者 (50音順)	北澤 明子	秋草学園短期大学幼児教育学科 専任講師
	舩場 大資	山口学芸大学教育学部教育学科 専任講師
	前田 和代	東京家政大学家政学部児童学科 専任講師
	森下 嘉昭	山口芸術短期大学保育学科 准教授
	山根 望	山口芸術短期大学保育学科 准教授

装 幀	：大路浩実
本文イラスト原案	：森下嘉昭
イラストレーター	：宮下やすこ
本文レイアウト・DTP制作	：有限会社ゲイザー

保育者になるための初年次教育・キャリア教育

2021年5月31日　初版第1刷発行

編 著 者	浅井拓久也
発 行 者	服部 直人
発 行 所	㈱萌文書林
	〒113-0021　東京都文京区本駒込6-15-11
	Tel：03-3943-0576　Fax：03-3943-0567
	https://www.houbun.com
	info@houbun.com
印刷・製本	モリモト印刷株式会社　　　　　　　　　　　〈検印省略〉

ISBN 978-4-89347-381-3　C3037　　　　　　　　　Ⓒ2021 Takuya Asai, Printed in Japan